Kinder kocht!

CLAUDIA SEIFERT
GESA SANDER
JULIA HOERSCH
NELLY MAGER

Kinder kocht!

AT Verlag

2. Auflage, 2014

Konzeption: Claudia Seifert und Gesa Sander
www.claudiaseifert.de, www.gesasander.de
Rezeptentwicklung und Foodstyling: Claudia Seifert
Fotos: Julia Hoersch, www.juliahoersch.de
Styling: Nelly Mager
Grafische Gestaltung und Illustrationen: Gesa Sander
Lektorat: Asta Machat, München
Bildaufbereitung: Vogt-Schild Druck, Derendingen
Druck und Bindearbeiten: Firmengruppe Appl,
aprinta druck, Wemding
Printed in Germany

ISBN 978-3-03800-770-8

www.at-verlag.ch

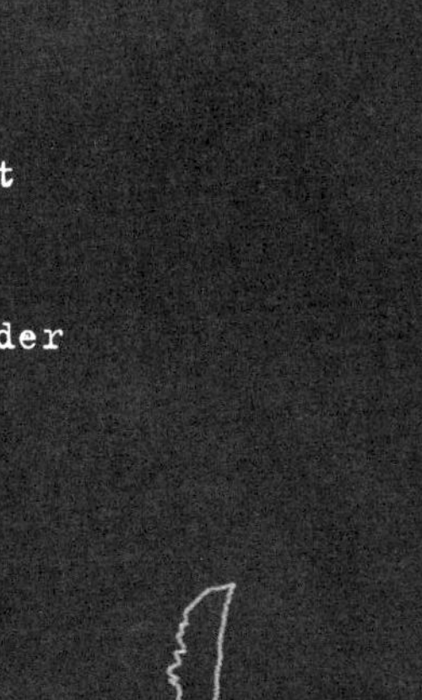

Inhalt

Vorwort Seite 7
Infos rund ums Kochen Seite 8

Frühling Seite 18
Junges Gemüse Seite 38
Eier Seite 58

Sommer Seite 78
Beeren Seite 100
Freibad Seite 114
Rund um die Welt Seite 130

Herbst Seite 152
Survival Seite 176
Äpfel Seite 192

Winter Seite 212
Kartoffeln Seite 236
Mir geht's nicht gut Seite 252
Silvester Seite 267

Rezeptverzeichnis Seite 284

Die Erfinderinnen dieses Buches:

(So sahen wir aus, als wir klein waren... Und wie wir jetzt aussehen, seht ihr ganz hinten im Buch.)

Claudia

Julia

Nelly

Gesa

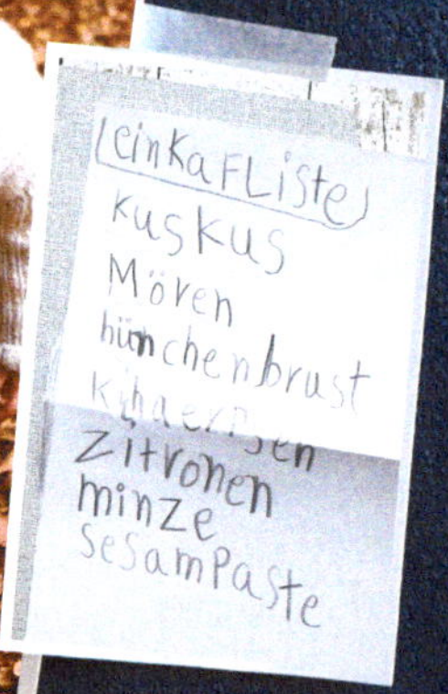

Vorwort

Liebe Kinder und liebe Fast-schon-Erwachsene,

dieses Buch führt euch an den spannendsten Ort bei euch zu Hause – in die Küche! Hier könnt ihr mit frischen Zutaten die tollsten Gerichte selber machen. Am Ende habt ihr nicht nur einen Riesenspaß gehabt, sondern seid auch noch richtig lecker satt geworden. Toll, was alles möglich ist, wenn man sich etwas zutraut! Wie wär's, wenn ihr mal Freunde zum gemeinsamen Kochen oder zu einer selbstgekochten Mahlzeit einladet? Oder vielleicht überrascht ihr eure Familie mit einem großartigen Nachtisch?

Manche Rezepte in diesem Buch gehen blitzschnell, für andere braucht es ein bisschen Geduld.
Herr von Schlau und Oma Kluge stehen euch mit ihren Tipps dabei zur Seite. Wenn es einmal besonders aufwendig oder vielleicht sogar ein wenig gefährlich werden könnte, solltet ihr unbedingt einen Erwachsenen um Hilfe bitten.
An der Anzahl der kleinen Wimpel über den Zutatenlisten erkennt ihr, wie schwierig die Zubereitung des Rezepts wird. Dort ist auch jedes Mal angegeben, für wie viele Personen das fertige Gericht reicht.
In den Rezepten werden folgende Maßeinheiten verwendet:
TL = Teelöffel
EL = Esslöffel

Nun aber nichts wie ran an die Töpfe! Ganz viel Freude beim Schnippeln, Rühren und Ausprobieren wünschen euch

Claudia, Gesa, Julia und Nelly

DAS brauche ich in der KÜCHE:
zum Kochen:
1,5 l
kleiner Stieltopf
3 l
kleiner Topf
5 l
mittlerer Topf
Kochlöffel
große Pfanne
kleine Pfanne
Pfannenheber
← zum Braten
schnippeln, raspeln und schälen:
Sparschäler
Tomatenmesser
Gemüsemesser
Brotmesser
Knoblauchpresse
ZUM ABWIEGEN + BACKEN:
Schüsseln
Messbecher
Küchenwaage
Schneebesen
Backpapier
Nudelholz
Puderzuckersieb
Backhandschuhe
Mixer mit Knethaken und Quirlen
Springform
Backblech und Muffinblech

Noch mehr wichtige Küchenutensilien, die immer wieder gebraucht werden:

Schneidebrett* (1 aus Kunststoff, 1 aus Holz; Zusatztipp: ein feuchtes Tuch als Antirutschunterlage für die Schneidebretter), Esslöffel und Teelöffel als Mengenmaß, Pürierstab, Topflappen, Auflaufform, Zitronenpresse, Küchenwecker, Vierkantreibe (grobe Reibe, feine Reibe, Hobel), Apfelausstecher, Zitronen- und Muskatnussraspel, Abtropfsieb, Schaumkelle, Kartoffelpresse, Alufolie und Frischhaltefolie, Schürze, Küchenhandtücher, Schere

Zum Putzen: ökologisches Geschirrspülmittel, Schwamm und Spülbürste

* Was schneide ich auf Kunststoff, was schneide ich auf Holz?

Grundsätzlich ist beides gut, Holz ist von Natur aus antibakteriell, deswegen setzen sich darauf nicht so viele Keime fest. Holz quillt auf, wenn es nass wird, trocknet dann aber wieder. Ein Kunststoff-Schneidebrett hat den Vorteil, dass man es in die Spülmaschine geben kann. Stark riechende Zutaten wie Zwiebeln, Fisch und Knoblauch schneidet man daher besser auf einem Kunststoffbrett, den Rest auf Holz. Oder noch besser: Ein eigenes Kunststoffbrett für Fisch verwenden.

Auf Holz: alles außer Knoblauch, Fisch, Zwiebeln
Auf Kunststoff: Knoblauch, Fisch, Zwiebeln

Was du stets ZUHAUSE haben solltest:

Mehl Zucker

Olivenöl hocherhitzbares Öl (z. B. Sonnenblumenöl) Essig

Gewürze

Paprikapulver
Curry
Rosmarin
Thymian
Salz und Pfeffer

Wie SCHNEIDE ich was?

Als Allererstes immer Händewaschen!

Das Gemüse vor dem Schneiden waschen!

Beispiel Karotte: Zuerst schälen, dann in Streifen schneiden und die Streifen in Würfel schneiden (feine Würfel).

Beispiel Apfel: Vierteln, das Kerngehäuse mit einem Gemüsemesser herausschneiden, die Apfelschnitze mit etwas Zitronensaft vermischen, damit sie nicht braun werden.

Beispiel Paprika: Halbieren, entkernen, in Streifen schneiden, dann würfeln.

Zwiebelwürfel: Zwiebelschale entfernen, Zwiebel in Längsrichtung (vom Strunk her) halbieren, dann die Hälften längs in Streifen und diese nochmal quer einschneiden, zum Schluss in Würfel schneiden.

Knoblauchzehe: Schälen und hacken oder durch eine Knoblauchpresse drücken.

Frühlingszwiebeln: Die äußersten, welken Blätter entfernen, das Weiße und das Grüne in Ringe schneiden.

Zitrone und Orange: Schale abreiben, dann – falls der Saft benötigt wird – halbieren und auspressen.

Kartoffeln: Schälen und die „Augen" (die kleinen braunen Keimstellen) mit einem spitzen Gemüsemesser herausschneiden.

Brokkoli und Blumenkohl: Die Röschen vom Strunk schneiden, den Brokkolistrunk schälen und klein schneiden.

Ananas: Die Ananas aufrecht aufs Brett stellen und die Schale mit einem großen Messer rundherum abschneiden, die „Augen" (die braunen Stellen waren früher Blüten) herausschneiden. Dann die Ananas vierteln, den harten Strunk herausschneiden und das Fruchtfleisch in Stücke schneiden.

Allgemeine Tipps & Tricks

Aufmerksam lesen: Bevor du mit dem Kochen beginnst, lies als allererstes das Rezept einmal bis zum Ende durch. Danach kannst du den Anweisungen Schritt für Schritt folgen.

Säure-Trick: Wenn du einen geschälten und/oder aufgeschnittenen Apfel mit Säure (Zitronensaft oder Essig) vermischst, verfärbt sich das Fruchtfleisch nicht braun.

So geht das Trennen von Eiweiß und Eigelb: Nimm 2 Schüsseln zur Hand, schlage ein Ei auf und lass das Eiweiß in eine Schüssel laufen, das Eigelb gibst du in die zweite.

Locker bleiben: Wenn im Rezept steht, dass man etwas unterheben soll, dann bedeutet das, dass zum Beispiel Eischnee vorsichtig unter einen Teig gerührt wird. Also nicht alles wild »vermatschen«, sondern behutsam vorgehen.

Backofensymbole: Ein Backofen hat immer verschiedene Einstellmöglichkeiten. Frage am besten deine Eltern, wie man bei eurem Backofen Ober- und Unterhitze oder Umluft einstellt, denn die Symbole können sich von Ofen zu Ofen unterscheiden.

Schaumschläger-Tipp: Soll man etwas schaumig schlagen, so werden die Zutaten mit dem Handrührgerät auf hoher Stufe einige Minuten geschlagen. Butter vor der Verarbeitung aus dem Kühlschrank nehmen, damit sie weich werden kann.

Eischnee-Tipp: Zum Steifschlagen von Eiweiß müssen die Schüssel und die Quirle des Mixers immer ganz sauber und fettfrei sein, sonst klappt es nicht (Fett verhindert nämlich den Aufbau der Oberflächenspannung). Also vorher immer gründlich reinigen! Es dürfen auch keinerlei Spuren von Eigelb im Eiweiß vorhanden sein.

Aroma-Tipp: Reibe Fisch mit Zitronensaft ein, dann schmeckt er noch aromatischer.

Anschwitzen: Anschwitzen wird das kurze Garen von Gemüse in wenig Fett bei geringer Hitze genannt. Es wird dabei im eigenen Saft weich. Dabei immer gut rühren, damit nichts anbrennt! Für eine Sauce wird auch etwas Mehl in Butter angeschwitzt.

Die Ernährungs-Pyramide:

Das Bild der Ernährungspyramide zeigt dir, was in größeren Mengen gesund ist, wie zum Beispiel Obst und Gemüse, und wovon man besser nur kleinere Mengen essen sollte, zum Beispiel Fleisch. Zusätzlich solltest du immer ganz viel in Bewegung bleiben, am besten draußen an der frischen Luft!

Was ist GESUND?

Vitamine

Unser Körper ist ein richtiger Nimmersatt in Bezug auf Vitamine. Sie sind in Obst und Gemüse reichlich enthalten. Darum ist es gut, viel Obst und Gemüse zu essen. Ganz besonders wenn du krank bist, kannst du durch Essen von vitaminhaltigen Lebensmitteln schneller gesund werden.

Mineralien

Diese Stoffe braucht dein Körper, denn er kann sie nur über die Nahrung aufnehmen. Mineralien sind wichtig, damit sich deine Knochen gut entwickeln und stark werden und deine Haut gesund ist. Sie sind in den meisten Lebensmitteln enthalten.

Bio und ökologisch

»Der Mensch ist, was er isst.« Deswegen ist es gut, sich gesund zu ernähren. Besonders gesund sind biologische Produkte, denn sie werden weniger gespritzt und gedüngt. Biologisch angebautes Gemüse schmeckt oft intensiver und hat mehr Vitamine.

Mit den Lebensmitteln der Saison kochen und backen:

Im Frühjahr gibt es zum Beispiel Erdbeeren, junges Gemüse und Kräuter, im Sommer steht eine Menge an Obst- und Gemüsesorten zur Auswahl, im Herbst gibt es viele Pilze und Kohlsorten, und im Winter gibt es länger haltbares Obst und Gemüse, das sich lagern lässt (zum Beispiel Sellerieknollen, Kartoffeln, Äpfel und vieles mehr).

Die verschiedenen Koch-Methoden:

Kochen: Beim Kochen wird Wasser so lange erhitzt, bis es 100 Grad heiß ist und richtig sprudelnd kocht. Darin kann man zum Beispiel Nudeln kochen. Du kannst es mal mit Spaghetti ausprobieren; die passen von der Länge zuerst gar nicht in den Topf, aber sobald der untere Teil der Nudeln etwas gekocht hat, werden sie weich, und du kannst den oberen Teil der Spaghetti hinterherschieben.

Backen: Backen ist Garen und Bräunen im heißen Ofen, das kann ein süßer Kuchen oder eine pikante Pizza sein. Damit Teige beim Backen luftig werden und aufgehen, gibt man Backpulver, Hefe oder ein anderes Treibmittel dazu. Gebacken wird in der Regel mit Ober- und Unterhitze (Decke und Boden des Backofens werden mit Heizspiralen beheizt) oder mit Umluft (die erhitzte Luft wird durch einen Ventilator im Backofen verteilt).

Braten: Gemüse, Fisch, Fleisch oder Obst werden in einer Pfanne mit Fett gebraten. Ein gutes Beispiel sind Bratkartoffeln; sie werden durch das Braten schön knusprig.

Grillen: Grillen ist ein Rösten über der heißen Glut eines Feuers oder in einer Grillpfanne, meist ohne Zugabe von Fett. Das Grillen draußen im Freien ist im Sommer sehr beliebt. Ein gutes Beispiel sind gegrillte Hähnchenbrüste: Sie werden vorher mariniert (das heißt, mit einer Gewürzsauce eingerieben) und dann auf einem Grillrost über der heißen Glut gegrillt.

Dünsten: Gemüse oder Fisch werden mit wenig Wasser, Brühe oder Saft im geschlossenen Topf gegart. Es wird dabei kaum Fett verwendet, darum ist es eine besonders gesunde Garmethode.

Dämpfen: Ist dem Dünsten ganz ähnlich, nur werden die Zutaten in einem Sieb über dem aufsteigenden heißen Wasserdampf gegart.

Schmoren: Beim Schmoren wird zuerst mit Fett angebraten, dann wird Flüssigkeit hinzugefügt. Ein gutes Beispiel dafür ist Gulasch. Das Fleisch wird erst angebraten und dann in einem Fond (Kraftbrühe) bei kleiner Hitze gegart. Aber auch Gemüse kann man schmoren, zum Beispiel Karotten.

Frittieren: Gemüse, Fisch oder Fleisch werden in heißem Fett ausgebacken (frittiert). Fisch und Fleisch werden dafür meistens zuvor paniert, das heißt zum Beispiel in Ei und in Semmelbröseln gewendet. Frittieren sollte man immer nur im Beisein von Erwachsenen, denn an heißem Fett kann man sich stark verbrennen.

Gratinieren: Gratinieren ist Überbacken im Backofen mit Oberhitze oder mit Umluft. Zum Beispiel wird eine Lasagne gratiniert, bis der Käse darauf knusprig braun ist.

Holunderblütenküchlein	Seite 20
Gebackenes Osterlamm	Seite 22
Frühlingssalat mit Eiern	Seite 24
Himmlische Wolke	Seite 27
Schoko-Eier-Nester	Seite 28
Holunderblütensirup	Seite 30
Holunderbrause	Seite 31
Schokoschalen mit Vanillepudding	Seite 32
Blütenkranz basteln	Seite 34
Frühlingssuppe mit Backerbsen	Seite 34
Kleine Kräuterkunde	Seite 36

Der Donnerstag vor dem Osterfest
heißt übrigens „Gründonnerstag“. Ein alter Brauch sagt,
an diesem Tag sollte jeder etwas „Grünes“ essen!
Das grüne Essen steht für die wiederkehrenden Lebenskräfte
des Frühlings. Grün bedeutet Leben, und wer Grünes isst,
nimmt die frische Kraft des Frühlings
in sich auf, jawohl!

Holunderblütenküchlein

Für 4 Portionen
Zubereitungszeit: 1 Stunde
und zusätzlich Zeit zum Blütensammeln

100 g Weizenmehl
2 Eier (mittlere Größe)
¼ l Milch
4 EL Puderzucker
8–12 Holunderblütendolden
(bei kleinen Blüten 12, bei großen 8)
4 EL Sonnenblumenöl
100 ml Vanillesauce
Küchenpapier

Erst der Teig: Verrühre das Mehl, die Eier, die Milch und 3 EL Puderzucker mit dem Schneebesen in einer Schüssel. Spüle die Holunderblütendolden mit kaltem Wasser ab und schüttle sie vorsichtig trocken, sodass die Blüten nicht abfallen.

Dann das Ausbacken: Einen großen Teller mit Küchenpapier belegen. Das Öl in der Pfanne erhitzen. Tauche die Blüten in den Teig (den Blütenstiel kannst du als Griff benutzen) und gib sie in die heiße Pfanne. Backe darin alle Blüten nacheinander aus und lege die fertigen Küchlein zum Abtropfen auf das Küchenpapier.

1 EL Puderzucker in ein Sieb geben und die Holunderblütenküchlein mit Puderzucker bestäuben. Bei Tisch kannst du die Vanillesauce dazu reichen.

Eine Dolde ist ein Blütenstand, der aus ganz vielen kleinen Blüten besteht. Holunderblüten kannte schon meine Urgroßmutter.

Gebackenes Osterlamm

Zubereitungszeit: 1 Stunde 20 Minuten, davon 45 Minuten Backzeit

100 g Marzipanrohmasse
80 g Butter
40 g Zucker
2 Eier (mittlere Größe)
2 EL Milch
85 g Dinkelmehl (Typ 630) oder Weizenmehl
20 g Speisestärke
1 TL Backpulver
75 g weiße Kuvertüre (Schokolade)
2 EL Kokosflocken

1 Lammbackform
1 kleiner Gefrierbeutel

So geht der Teig: Schneide Marzipan und Butter in kleine Würfel. Beides füllst du in eine Schüssel und schüttest den Zucker dazu. Dann schlägst du mit den Quirlen des Handrührgeräts alles schaumig. Das dauert etwa 5 Minuten. Füge nun die Eier und die Milch hinzu und rühre den Teig weiter. Jetzt das Mehl, die Stärke und das Backpulver in einer Schüssel mischen und zu dem Teig hinzufügen. Rühre so lange, bis sich alle Zutaten gut vermischt haben.
Die beiden Hälften der Lammform von innen überall gut mit Butter einfetten und mit den Stäben zum Verschließen der Form versehen. Dann den Teig in die Form füllen.
Nun das Backen: Den Backofen auf 175 Grad vorheizen (Umluft 165 Grad) und den Kuchen etwa 45 Minuten backen. Stell dir dafür am besten einen Küchenwecker. Dann die Backform (mit Backhandschuhen!) aus dem Ofen nehmen. Lass das gebackene Lamm 15 Minuten in der Form abkühlen und löse es dann aus der abgekühlten Form.
Wir verzieren das Lamm: Bring einen kleinen Topf voll Wasser zum Kochen und zieh ihn dann vom Herd. Die weiße Kuvertüre in Stücke brechen und in einer kleinen Edelstahlschüssel über dem Topf mit dem heißen Wasser schmelzen. Wenn sie völlig geschmolzen ist, füllst du sie in einen kleinen Gefrierbeutel, verknotest den Beutel gut und schneidest an der unteren Beutelkante eine kleine Ecke ab. So hast du eine Spritztüte. Male mit der Spritztüte voll Schokolade Löckchen auf das Lamm und bestreue sie mit Kokosflocken.

Wenn du die Eier kalt abschreckst, lässt sich die Schale viel besser ablösen. Sie erschrecken sich dann wie du, wenn du mit kaltem Wasser bespritzt wirst.

Frühlingssalat mit Eiern und Croutons

Für 4–6 Portionen
Zubereitungszeit: 1 Stunde

FÜR DEN SALAT:
4 mittelgroße Eier
4 Scheiben Vollkorntoast (oder anderes Brot)
2 EL Olivenöl
Salz, Pfeffer
1 Salat (deinen Lieblingssalat)
1 Bund Radieschen

FÜR DAS DRESSING:
3 EL Olivenöl
1 EL Holunderblütensirup (bekommst du im Bioladen oder Reformhaus)
2 EL Zitronensaft

10 Gänseblümchen zum Darüberstreuen

Erst die Eier kochen: Einen kleinen Topf mit Wasser füllen und das Wasser aufkochen lassen. Nun gibst du die Eier vorsichtig mit einem Löffel ins kochende Wasser und lässt sie 8 Minuten darin kochen (stelle dir dafür am besten einen Küchenwecker). Dann das Wasser abgießen und die Eier kalt abschrecken, das heißt, du lässt kaltes Wasser darüberlaufen. Anschließend schälst du die Eier und schneidest sie in Achtel.

Dann die Croûtons: Dafür schneidest du das Toastbrot in kleine Würfel. Nun erhitzt du das Olivenöl in einer Pfanne. Röste die Toastbrotwürfel rundherum an, dabei mit einem Holzlöffel umrühren. Zum Schluss würzt du die Croûtons mit Salz.

Salat und Co.: Den Salat in mundgerechte Stücke zupfen, in kaltem Wasser waschen und in einem Sieb abtropfen lassen. Wasche die Radieschen, entferne jeweils Strunk und Zipfel und schneide die Radieschen in dünne Scheiben.

Jetzt das Dressing: Gib Olivenöl, Holunderblütensirup, Zitronensaft, Salz und etwas Pfeffer in eine Schüssel und verrühre alles kräftig mit dem Schneebesen. Nun vermischst du den Salat, die Radieschen, das Dressing und die Eier und streust zum Schluss die Croûtons und die Gänseblümchen darüber.

Baiser – manchmal auch Meringe oder Meringue genannt – ist ein Schaumgebäck aus gezuckertem Eischnee, das du im Supermarkt oder beim Bäcker bekommst. Das Wort Baiser ist französisch (sprich „Behseh") und heißt auf Deutsch „Kuss".

Für 4 Portionen
Zubereitungszeit: 25 Minuten

- ¼ l Schlagsahne
- 1 Päckchen Vanillezucker
- 75 g Baiser
- 250 g tiefgekühlte Himbeeren

Himmlische Wolke

Die Sahne und den Vanillezucker in eine Schüssel geben und mit den Quirlen des Handrührgeräts steif schlagen (das dauert etwa 5 Minuten). Fülle das Baiser in einen großen Gefrierbeutel oder eine Tüte und rolle es mit einem Nudelholz klein. Anschließend die Schlagsahne, die Baiserbrösel und die tiefgefrorenen Himbeeren vermengen. Lass die Masse 2 Stunden im Kühlschrank ziehen und rühre das Ganze jede halbe Stunde einmal um. Mmmhhh, schmeckt himmlisch!!!!

Schoko-Eier-Nester

Für 6 Nester
Zubereitungszeit: 25 Minuten
plus 20 Minuten Abkühlzeit

- 250 g weiße Kuvertüre
- 3 EL Kokosflocken
- 3 EL feine Haferflocken
- 6 Muffin-Papierförmchen
- 100 g bunte Wiener Mandeln oder andere bunte Schokoeier

Erst die Schokoladenmasse: 2 Liter Wasser in einem kleinen Topf erhitzen. Brich die weiße Schokolade in Stücke und gib sie in eine kleine Edelstahlschüssel (es ist wichtig, dass es eine Metallschüssel ist, damit sie nicht schmilzt und die Hitze gut leitet). Dann den Topf mit dem heißen Wasser vom Herd ziehen und die Schüssel mit der Schokolade darübersetzen. Jetzt kannst du zuschauen, wie die Schokolade schmilzt. Wenn sie fertig geschmolzen ist, fügst du Kokosflocken und Haferflocken hinzu und verrührst alles gut mit einem Löffel. **So werden Nester daraus:** Verteile die Schokoladenmischung auf 6 Muffin-Papierförmchen und drücke die Schokolade am Rand etwas hoch, sodass Nester entstehen. Die Nester erkalten lassen (das dauert etwa 20 Minuten). Wenn sie kalt sind, nimmst du sie aus den Papierförmchen und füllst sie mit den Wiener Mandeln oder Schokoeiern.

Kuvertüre ist Schokolade zum Kochen und Backen. Es gibt weiße, Vollmilch- und dunkle Zartbitterkuvertüre.

Den fertigen Sirup kannst du etwa 4 Wochen im Kühlschrank aufbewahren.

Holunderblütensirup

Für ¼ l Sirup
Zubereitungszeit: 1 Stunde
plus 1 Tag zum Ziehen

- 1 unbehandelte Zitrone
- 4 Holunderblütendolden
- ¼ l Wasser
- 250 g Zucker
- 2 Päckchen Vanillezucker

So geht der Sirup: Schneide die Zitronen in Scheiben. Wasche die Holunderblütendolden mit kaltem Wasser ab und schüttle sie trocken (etwa so, wie ein Hund sich schüttelt, wenn er nass ist). Dann das Wasser mit dem Zucker und Vanillezucker in einem kleinen Topf aufkochen und 5 Minuten bei kleiner Hitze kochen lassen, bis ein Sirup entstanden ist. Nimm den Sirup vom Herd und füge die Zitronenscheiben und die Holunderblüten hinzu. Decke den Topf mit dem Deckel zu und lass ihn abkühlen.
Nach dem Abkühlen stellst du den Topf für 24 Stunden in den Kühlschrank. Der Sirup braucht so viel Zeit zum Durchziehen. Danach den Sirup durch ein Sieb in eine Schüssel gießen und mit einem Trichter in eine Flasche füllen.

Holunderbrause

Für 4–6 Portionen
Zubereitungszeit: 15 Minuten

15 Eiswürfel
8 EL Holunderblütensirup (siehe Rezept links)
1 l Mineralwasser
4 EL Zitronensaft

Fülle alle Zutaten in einen Krug und genieße das Getränk kalt mit deinen Freunden und Freundinnen!

Du kannst auch fertig gekauften Holunderblütensirup verwenden, den gibt es in guter Qualität im Bioladen.

Schokoschalen
mit Vanillepudding und Erdbeeren

Für 4 Schalen
Zubereitungszeit: 1 Stunde 30 Minuten

4 Orangen (du brauchst sie nur, um die Schokoschalen herzustellen)
100 g Vollmilchschokolade
½ l Milch
2 EL Zucker
1 Päckchen Vanillezucker
1 Päckchen Vanille-Puddingpulver
400 g Erdbeeren

Frischhaltefolie

Erst die Schokoladenschalen: Du umwickelst 4 Orangen mit Frischhaltefolie. Nun einen kleinen Topf voll Wasser zum Kochen bringen, den Topf vom Herd ziehen. Brich die Schokolade in Stücke, gib sie in eine kleine Edelstahlschüssel und schmelze sie über dem Topf mit dem heißen Wasser. Wenn sie fertig geschmolzen ist, tauchst du die 4 eingewickelten Orangen bis zur Hälfte in die Schokolade und legst sie auf einem Backpapier ab. Die Schalen komplett abkühlen und fest werden lassen. Das dauert mindestens 30 Minuten. So lange kannst du schon mit dem Pudding beginnen.

Jetzt der Vanillepudding: Verrühre 4 EL Milch, den Zucker, den Vanillezucker und das Puddingpulver in einer Schüssel, bis keine Klumpen mehr drin sind. Dann die restliche Milch in einem Topf erhitzen und das angerührte Puddingpulver mit einem Schneebesen einrühren. Lass die Milch bei milder Hitze 3 Minuten kochen und rühr dabei immer wieder den Pudding um (Pudding brennt unglaublich schnell am Topfboden an). Wenn der Pudding dick wird, fülle ihn in eine Schüssel um und lass ihn abkühlen.

Nun noch die Erdbeeren: Wasche die Erdbeeren, schneide den grünen Strunk ab und viertele sie. Die Schokoschalen vorsichtig von der Folie lösen und mit dem kalten Vanillepudding befüllen. Zum Schluss gibst du die Erdbeeren dazu, lecker.

Und: Falls dir das zu schwierig ist, kannst du einfach den Vanillepudding mit den Erdbeeren zubereiten, in Schüsseln füllen und die Schokolade dazu essen.

Wusstest du schon, wie man eine Blütenkette bastelt? Mit dem Daumennagel machst du einen Schlitz in einen Blütenstängel, fädelst eine weitere Blüte hindurch, machst in ihren Stängel auch wieder einen Schlitz, und immer so weiter ...

Frühlingssuppe mit Backerbsen

Für 4 Portionen
Zubereitungszeit: 1 Stunde

350 g Kartoffeln
2 Zwiebeln
2 Knoblauchzehen
2 EL Olivenöl
100 ml Schlagsahne
2 TL Gemüsebrühepulver
1 Bund Petersilie
1 Bund Schnittlauch
1 Bund Kerbel
Salz, Pfeffer
1 Messerspitze gemahlene Muskatnuss
50 g Backerbsen

Erst das Schnippeln und Anschwitzen: Du schälst die Kartoffeln und Zwiebeln und schneidest sie in Würfel. Auch den Knoblauch schälen und grob hacken. Erhitze nun das Olivenöl in einem Topf und schwitze Kartoffeln, Zwiebeln und Knoblauch darin an. Dann 800 ml Wasser, die Sahne und das Gemüsebrühepulver hinzugeben, den Topf mit einem Deckel zudecken und alles 15 Minuten bei mittlerer Hitze kochen lassen.
Dann die Kräuter hacken: Zupfe die Petersilien- und Kerbelblättchen vom Stiel. Hacke Petersilie, Schnittlauch und Kerbel grob.
Mixen und würzen: Wenn die Suppe fertig gekocht ist, fügst du die grob gehackten Kräuter hinzu und pürierst alles mit einem Mixstab. Als Letztes die Suppe mit Salz, Pfeffer und Muskatnuss würzen und ganz zum Schluss die Backerbsen in die Suppe streuen.
Der Frühling ist so wunderbar!

kleine Kräuterkunde
Dill
Oregano
Estragon
glatte Petersilie
Schnittlauch
Sauerampfer
Waldmeister
Minze
Thymian
Vogelmiere
Basilikum
Salbei
Giersch
Rosmarin
Koriander

rokoli

JUNGES GEMÜSE

pinart

ERBS

Frühlingsgemüse mit Mandel-Kräuter-Quark Seite 41

Spargelkuchen Seite 42

Spitzkohlsuppe mit Kartoffeln und Kokosmilch Seite 44

Karottensalat mit jungem Spinat Seite 48

Brokkoliröschen zum Stippen in Aïoli Seite 51

Mairübchen in Béchamelsauce mit Hühnchen Seite 52

Gemüsesuppe mit Grießklößchen Seite 55

Warmer Zuckerschotensalat Seite 56

Für 4–6 Portionen
Zubereitungszeit: 30 Minuten

1 Bund Kerbel
200 g Quark
3 EL Mandelmus
(bekommst du im Reformhaus oder Bioladen)
3 EL Milch
Salz, Pfeffer
250 g junge Karotten
2 Kohlrabi
1 Bund Radieschen
einige Pfefferkörner

Frühlingsgemüse mit Mandel-Kräuter-Quark

Erst der Quark: Zupfe die Kerbelblätter ab und hacke sie fein. Verrühre den Quark, das Mandelmus, den gehackten Kerbel, Milch, Salz und Pfeffer gut.

Nun das Schälen und Schnippeln: Schäle die Karotten und halbiere sie längs. Schäle auch den Kohlrabi und schneide ihn in Stifte. Wasche die Radieschen, schneide dann jeweils keilförmig 2 Augen und einen Mund hinein. Die Pfefferkörner dienen als Augen. Du kannst deiner Kreativität freien Lauf lassen. Und viel Spaß beim Stippen!

(Möhren)

Ein salziger oder süßer Kuchen mit Mürbeteigboden heißt in Frankreich Quiche und ist dort sehr beliebt. Quiche klingt etwas eleganter als Kuchen, du kannst das Rezept also auch Spargel-Quiche nennen.

grüner SChPagel

(grüner Spargel)

Spargelkuchen

Für 1 eckige oder runde Tarteform
Zubereitungszeit: 1 Stunde und 30 Minuten
davon 45 Minuten Backzeit

170 g Butter
250 g Vollkornmehl
4 Eier
Salz
500 g grüner Spargel
250 g weißer Spargel
100 g Schmand (Crème fraîche)
200 ml Schlagsahne

Erst der Teig: Fette die Tarteform mit 20 g Butter ein. Schneide die restlichen 150 g Butter in Würfel. Das Mehl, die Butter, 1 Ei und Salz mit den Knethaken des Handrührgeräts zu einem glatten Teig verkneten. Rolle nun den Teig mit einem Nudelholz auf einer bemehlten Arbeitsfläche aus und setze ihn vorsichtig in die Tarteform, drücke den Teig auch bis hoch an den Rand. Stelle die Form für 30 Minuten in den Kühlschrank.
Jetzt die Füllung: Schäle in der Zwischenzeit den grünen und weißen Spargel und halbiere ihn längs. Lege ihn in einer Richtung auf den Teigboden in die Form. Schmand, Sahne, die restlichen 3 Eier, Salz und Pfeffer verrühren und darübergießen.
Nun das Backen: Backe den Spargelkuchen im heißen Backofen bei 180 Grad (Umluft 160 Grad) 45 Minuten. Nimm ihn (mit Backhandschuhen!) aus dem Ofen und lass ihn etwas abkühlen. Jetzt kannst du ihn aus der Form lösen und in Stücke schneiden.

Spitzkohlsuppe mit Kartoffeln und Kokosmilch

Für 4–6 Portionen
Zubereitungszeit: 1 Stunde

- 350 g Kartoffeln
- 300 g Spitzkohl
- 1 Zwiebel
- 30 g Butter
- 200 ml Kokosmilch
- ½ l Gemüsebrühe (½ l Wasser plus 2 TL Gemüsebrühepulver)
- Salz, Pfeffer
- etwas frisch geriebene Muskatnuss
- 3 EL Zitronensaft

So geht's : Schäle die Kartoffeln und schneide sie in Würfel. Den Spitzkohl halbieren, den Strunk herausschneiden und den Spitzkohl in 2 cm große Stücke schneiden. Schäle die Zwiebel und hacke sie. Nun erhitzt du die Butter in einem Topf und brätst die Kartoffeln, den Spitzkohl und die Zwiebel an. Kokosmilch und Gemüsebrühe dazugießen. Das Ganze mit einem Deckel zugedeckt 30 Minuten kochen lassen. Zum Schluss würzt du die Suppe mit Salz, Pfeffer, Muskatnuss und Zitronensaft.

(Spitzkohl)

Übrigens:
Das Gemüse auf diesen Seiten hat Charlotte für dich gemalt, sie geht in die 2. Klasse. Versuchs doch auch mal! Hier wäre genug Platz dafür.

Karottensalat mit jungem Spinat, Mozzarella-Bällchen und Croûtons

Für 4–6 Portionen
Zubereitungszeit: 40 Minuten

500 g Karotten
200 g junger Spinat
100 g Mozzarella-Bällchen
5 EL Olivenöl
2 EL Zitronensaft
2 TL Senf
1 EL Honig
Salz, Pfeffer
4 Scheiben Vollkorntoast
½ TL gemahlenes Paprikapulver

Erst das Schnippeln: Die Karotten schälen. Dann schneidest du mit dem Sparschäler die Karotten längs in dünne Streifen (so wie beim Schälen). Zupfe die Blätter des Spinats vom Stiel, wasche sie und lass sie in einem Sieb abtropfen. Hacke jetzt den Spinat grob. Gieß die Mozzarella-Bällchen in ein Sieb, lass sie gut abtropfen und halbiere sie.

Die Salatsauce: Verrühre 3 EL Olivenöl, den Zitronensaft, Senf, Honig, Salz und Pfeffer zu einer schön sämigen Sauce.

Nun die Croûtons: Schneide die Toastbrotscheiben in kleine Würfel. Erhitze die restlichen 2 EL Öl in einer Pfanne und röste die Brotwürfel an, bis sie goldbraun sind. Dabei immer wieder mit einem Kochlöffel umrühren. Würze die Croûtons mit Salz, Pfeffer und Paprikapulver.

Jetzt wird's ein Salat: Vermische in einer Schüssel die Karottenstreifen, den Spinat und die Mozzarella-Bällchen mit der Salatsauce. Streue danach die Croûtons darauf. Lecker!

(Spinat)

Croûtons sind geröstete Brotwürfel. Das Wort kommt aus dem Französischen, croûte heißt „Kruste“, also sind Croûtons auf Deutsch Krusteln.

Brokoli
(Brokkoli)

Brokkoliröschen zum Stippen in Aïoli

Für 4 Portionen
Zubereitungszeit: 30 Minuten

2 kleine Knoblauchzehen
1 Bund Schnittlauch
100 ml Sojamilch
75 ml Olivenöl
75 g Speisequark
Salz, Pfeffer
2 EL Zitronensaft
750 g Brokkoli
20 g Butter
frisch geriebene Muskatnuss

Erst die Aïoli: Für die Aïoli-Sauce schälst du den Knoblauch und drückst ihn durch eine Presse. Schneide den Schnittlauch in feine Röllchen. Nun füllst du die Sojamilch in ein hohes Gefäß (z. B. einen Messbecher) und rührst sie mit den Quirlen des Handrührgeräts schaumig. Träufle dann das Öl in einem dünnen Strahl dazu und rühre weiter (am besten geht das zu zweit: eine Person rührt und die andere lässt das Öl hineinlaufen). Den Quark dazurühren. Dann den Knoblauch und die Schnittlauchröllchen hinzufügen. Die Aïoli mit Salz, Pfeffer und Zitronensaft abschmecken.

Jetzt der Brokkoli: Schneide den Brokkoli in Röschen und koche ihn in einem Topf mit Salzwasser 5 Minuten. Lass ihn dann in einem Sieb abtropfen. Die Butter im Topf erhitzen und den Brokkoli in der Butter schwenken. Würze den Brokkoli mit Salz, Pfeffer und Muskatnuss. Zum Essen dippst du den Brokkoli in die Aïoli.

Mei rüPchen

(Mairübchen)

Mairübchen in Béchamelsauce mit gebratenem Hühnchen

Für 4–6 Portionen
Zubereitungszeit: 45 Minuten

- 6 mittelgroße Mairübchen
- Salz
- 1 Bund Petersilie
- 30 g Butter
- 1 EL Mehl
- 200 ml Hühnerbrühe
- 200 ml Milch
- Pfeffer, frisch geriebene Muskatnuss
- 2 Hühnchenbrüste
- 2 EL Sonnenblumenöl
- 1 TL gemahlenes Paprikapulver
- ½ TL getrockneter Rosmarin

Erst die Mairübchen: Schäle die Mairübchen und schneide sie in Spalten. Koche sie 5 Minuten in einem Topf mit Salzwasser. Dann in ein Sieb gießen und mit kaltem Wasser abspülen.

Inzwischen die Béchamelsauce: Zupfe die Petersilie ab und hacke sie fein. Erhitze die Butter in einem Topf und rühre das Mehl hinein. Nun die Brühe und die Milch hinzugeben und die Sauce einmal richtig aufkochen. Dabei rührst du sie mit einem Schneebesen, sonst brennt sie an. Füge die gehackte Petersilie hinzu und würze die Sauce mit Salz, Pfeffer und Muskatnuss.

Nun wird's ein Gedicht, oh, ich meinte Gericht: Schneide das Hühnchen in Streifen. Erhitze das Öl in einer Pfanne und brate die Hühnchenstreifen mit dem Paprikapulver und dem Rosmarin 5 Minuten. Mit Salz und Pfeffer würzen. Vermische nun die Mairübchen mit der Sauce und koche die Sauce nochmals auf. Serviere die Hühnchenstreifen mit den Mairübchen in der Béchamelsauce.

Eine Béchamelsauce ist eine Sauce, die mit einer Mehlschwitze und Milch gekocht wird.

Ablöschen heißt beim Kochen immer, dass nach dem Anbraten von Gemüse oder Fleisch Flüssigkeit dazugeschüttet wird. Es ist sozusagen die Koch-Feuerwehr.

Für 4–6 Portionen
Zubereitungszeit: 1 Stunde

Gemüsesuppe mit Grießklößchen

¼ l Milch
20 g Butter
Salz, Pfeffer,
etwas frisch geriebene Muskatnuss
100 g Vollkorngrieß
1 mittelgroßes Ei
300 g Karotten
200 g Staudensellerie
100 g Erbsen
1 Zwiebel
1 Kopf Brokkoli
2 EL Öl
1 TL getrockneter Thymian
800 ml Gemüsebrühe (800 ml Wasser plus
2 TL Gemüsebrühepulver)
1 Bund Petersilie

Erst die Klößchen: Die Milch mit der Butter, etwas Salz, Pfeffer und Muskatnuss in einem Topf aufkochen. Füge den Grieß unter Rühren mit einem Schneebesen hinzu. Zieh den Topf vom Herd und lass den Grieß 10 Minuten quellen. Dann das Ei daruntermischen. Die Klößchenmasse erstmal beiseitestellen.

Nun die Suppe: Du schälst die Karotten und schneidest sie in Scheiben. Den Staudensellerie ebenfalls in Scheibchen schneiden; die Erbsen aus den Schoten lösen; die Zwiebel schälen und hacken; den Brokkoli in kleine Röschen teilen. Das Öl in einem Topf erhitzen. Die Karotten zusammen mit Sellerie, Zwiebeln und Thymian anschwitzen. Dann das Gemüse mit der Gemüsebrühe ablöschen und die Suppe zugedeckt 15 Minuten kochen lassen. 5 Minuten vor Ende der Kochzeit gibst du die Erbsen und den Brokkoli hinzu. Mit 2 kleinen Löffeln stichst du aus der Klößchenmasse kleine Klößchen ab und gibst sie vorsichtig in die Suppe. Dann nimmst du den Topf vom Herd und lässt die Suppe weitere 5 Minuten ziehen.

Inzwischen zupfst du die Petersilienblätter ab, hackst sie fein und streust sie zum Schluss über die Suppe.

Für 4–6 Portionen
Zubereitungszeit: 30 Minuten

Warmer Zuckerschotensalat

500 g Zuckerschoten
Salz
3 EL Erdnussbutter
3 EL Olivenöl
1 TL flüssiger Honig
2 EL Zitronensaft
100 g Fetakäse
30 g gesalzene Erdnüsse
Pfeffer
1 Beet Kresse

So geht's: Putze die Zuckerschoten, das heißt, schneide den Strunk und das Endstück ab. Koche sie 10 Minuten in einem Topf mit Salzwasser. Für das Dressing die Erdnussbutter in einem kleinen Topf erwärmen (dann lässt sie sich besser verrühren). Nun verrührst du das Öl, die Erdnussbutter, den Honig und den Zitronensaft. Den Fetakäse zerbröckeln. Die Zuckerschoten in ein Sieb gießen und gut abtropfen lassen. Jetzt vermischst du das Dressing, die Zuckerschoten, die Erdnüsse und den Fetakäse. Alles mit Salz und Pfeffer würzen. Schneide die Kresse mit einer Schere vom Beet und streu sie über die Zuckerschoten. Dazu schmeckt frisches Ciabattabrot.

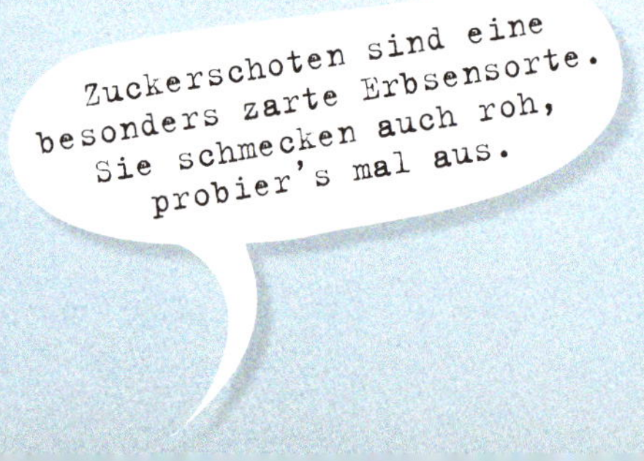

Eier!

Süße Soufflé-Tassen Seite 61

Kleine Erdbeer-Pawlowas Seite 63

Pochierte Eier im Glas Seite 65

Eier in Senfsauce mit Pellkartoffeln Seite 67

Omelette mit Champignons, Paprika und Käse Seite 69

Kresse-Eierköpfe Seite 71

Biskuit mit Vanillepudding und Erdbeeren Seite 73

Spiegeleier im Paprikaring Seite 74

Spaghetti alla Carbonara Seite 76

Soufflé kommt aus Frankreich und heißt übersetzt „ein Hauch, ein Atem", also etwas sehr Leichtes. Auf Deutsch kann man es einen leichten Auflauf nennen. Oder überlege dir doch einen eigenen Namen dafür …

Süße Soufflé-Tassen

Für 4 Portionen
Zubereitungszeit: 1 Stunde, davon 20 Minuten Backzeit

Für 4 feuerfeste Tassen (frag am besten deine Eltern)

3 Eier
110 g Puderzucker
300 g Quark
1 Päckchen Vanillezucker
35 g Grieß
20 g Butter

Erst der Teig: Trenne die Eier in Eigelbe und Eiweiße. Wie das geht, kannst du auf Seite 12 nachlesen. Die Eiweiße und 100 g Puderzucker in eine fettfreie Schüssel geben und mit den Quirlen des Handrührgeräts steif schlagen. Das dauert etwa 5 Minuten. Dann verrühre in einer zweiten Schüssel den Quark, die Eigelbe, den Vanillezucker und den Grieß mit einem Schneebesen. Den Eischnee darunterheben. Fette die Tassen mit Butter, verteile den Teig auf die Tassen und stell sie auf ein Backblech.
Nun das Backen: Heize den Backofen auf 180 Grad (Umluft 160 Grad) vor. Schiebe das Backblech in den Ofen und backe die Soufflés 20 Minuten. Schau dabei zu, wie sie im Ofen immer größer werden ... Danach nimmst du das Backblech (mit Backhandschuhen!) aus dem Ofen und lässt es so lange abkühlen, bis du die Tassen gut anfassen kannst. Nun kannst du mit deinen Freunden oder deiner Familie die Soufflés aus den Tassen löffeln.

Kleine Erdbeer-Pawlowas

Warum die Schüssel fettfrei sein muss, erfährst du auf Seite 13.

Der Name dieses Desserts stammt von einer russischen Balletttänzerin, die in Neuseeland große Erfolge feierte. Die Neuseeländer haben ihr dieses Rezept gewidmet. Wenn du magst, kannst du dazu auch Ballett tanzen …

Für 8 kleine Pawlowas (4–6 Portionen)
Zubereitungszeit: 1 Stunde plus 75 Minuten Backzeit

4 mittelgroße Eier
1 Prise Salz
125 g Puderzucker
200 g Speisequark
2 Päckchen Vanillezucker
350 g Erdbeeren
8 TL Erdbeermarmelade

Erst die Eischnee-Nester: Trenne die Eier. Fülle das Eiweiß, 1 Prise Salz und 75 g Puderzucker in eine fettfreie Schüssel. (Das Eigelb wird nicht gebraucht, daraus kannst du zum Beispiel Rührei machen.) Das Eiweiß mit den Quirlen des Handrührgerätes steif schlagen. Das dauert etwa 5 Minuten.
Dann ein Backblech mit Backpapier belegen. Verteile den Eischnee mit einem Löffel zu 8 Nestern auf dem Backblech.
Nun das Backen: Schiebe das Backblech bei 100 Grad (Umluft 80 Grad) in den Ofen und lass die Nester 75 Minuten lang backen (nun hast du viel Zeit zum Spielen).
Die Creme: Verrühre den Quark, den Vanillezucker und die restlichen 50 g Puderzucker. Schneide den grünen Strunk der Erdbeeren ab und viertele sie.
Jetzt das Zusammensetzen: Nimm die Eischnee-Nester aus dem Ofen und lass sie abkühlen. Dann verteilst du die Quarkcreme, die Erdbeermarmelade und die Erdbeeren auf den Nestern. Fertig!

Pochierte Eier im Glas

Für 4–6 Portionen
Zubereitungszeit: 30 Minuten

Das Wort Pochieren kommt aus dem Französischen, von poche, das heißt auf Deutsch „Tasche“. Mit etwas Fantasie kann man eine Verbindung finden: Es wird etwas in einer Hülle im Wasserbad gegart.

Für 4 Schraubgläser mit Deckel

20 g Butter
8 mittelgroße Eier
2 Frühlingszwiebeln
Salz, Pfeffer
frisch geriebene Muskatnuss
4 Scheiben Graubrot

So geht's: Fette 4 Schraubgläser mit der Butter ein. Schlage je 2 Eier hinein. Die Frühlingszwiebeln in feine Ringe schneiden und über die Eier streuen. Würze die Eier mit Salz, Pfeffer und Muskatnuss. Die Deckel daraufschrauben. Befülle dann eine Auflaufform halbhoch mit kochendem Wasser (aus dem Wasserkocher) und setze die Eiergläser hinein. Stelle die Form in den 200 Grad (Umluft 180 Grad) heißen Ofen und gare die Eier darin 10 Minuten. Dann mit (Backhandschuhen!) herausnehmen und etwas abkühlen lassen. Die pochierten Eier schmecken ganz wunderbar mit dem Graubrot.

Eier in Senfsauce mit Pellkartoffeln

Für 4–6 Portionen
Zubereitungszeit: 1 Stunde

6 mittelgroße Eier
500 g Kartoffeln
30 g Butter
1 EL Weizenmehl
300 ml Milch
300 ml Gemüsebrühe (300 ml Wasser plus 1 TL Gemüsebrühepulver)
1 EL milder Senf
Salz, Pfeffer, frisch geriebene Muskatnuss
1 Beet Kresse

Erst die Eier: Setze einen Topf mit Wasser auf und lass das Wasser aufkochen. Nun gibst du die Eier vorsichtig mit einem Löffel ins kochende Wasser und lässt sie 7 Minuten kochen (am besten einen Küchenwecker stellen). Anschließend schreckst du sie mit kaltem Wasser ab und schälst sie.

Die Kartoffeln: Koche die Kartoffeln mit der Schale in einem Topf voll Wasser mit Deckel 25 Minuten.

Jetzt die Senfsauce: Erhitze die Butter in einem Topf, füge das Mehl hinzu und lass es kurz anschwitzen (dabei mit dem Schneebesen rühren). Nun die Milch und Gemüsebrühe dazugeben und die Sauce aufkochen. Vergisst du das Rühren auch nicht? Gib den Senf, das Salz, den Pfeffer und die Muskatnuss hinzu.

Jetzt wird ein Gericht daraus: Gieße die Kartoffeln in ein Sieb ab und schäle sie; dafür spießt du sie auf eine Gabel, dann lassen sie sich gut schälen, ohne dass du dich verbrennst. Gib die Eier in die Sauce. Schneide die Kresse mit einer Schere vom Beet. Serviere die Pellkartoffeln mit den Eiern in Senfsauce und streue die Kresse darüber.

Für 4 Portionen
Zubereitungszeit: 30 Minuten

4 mittelgroße Eier
50 g geriebenen Käse
50 ml Sahne
½ TL Salz, Pfeffer
150 g Champignons
1 rote Paprika
20 g Butter

So geht's: Verrühre die Eier, den Käse, die Sahne, Salz und Pfeffer in einer Schüssel. Schneide die Champignons in dünne Scheiben. Die Paprika halbieren, entkernen und in kleine Würfel schneiden. Zerlasse die Butter in einer Pfanne. Die Champignons mit der Paprika darin anschwitzen (was anschwitzen genau bedeutet, kannst du auf Seite 13 nachlesen). Gieß die verquirlten Eier darüberund lass sie bei geringer Hitze stocken. Nimm das Omelette aus der Pfanne und schlage es zur Hälfte um. Dann teile es durch 4. Fertig! Das schmeckt prima mit Baguette.

Omelette mit Champignons, Paprika und Käse

1. Tag

3. Tag

5. Tag

Kresse-Eierköpfe

Für 6 Stück
Zubereitungszeit: 1 Stunde und 5 Tage Geduld, bis die Kresse gewachsen ist

6 große Eier
etwas Watte
1 Tüte Kressesamen
Wasser zum Gießen
und etwas Geduld

So geht's: Du schlägst die Eischale am oberen Drittel so an, dass die Kappe abbricht. Fülle die Eier in eine Schüssel (daraus kannst du dir Rührei braten). Jetzt kannst du am besten zusammen mit deinen Freunden (so macht es mehr Spaß!) mit bunten Stiften Gesichter auf die Eierschalen malen. Setze die bemalten Eierschalen in einen leeren Eierkarton, fülle Watte in die Eierschalen und verteile je ½ TL Kressesamen in jedes Ei. Gieße die Samen jeden Tag mit einer kleinen Kanne Wasser. Nun kannst du zuschauen, wie die Kresse jeden Tag ein wenig weiterwächst … Wenn die Eierköpfe richtige »Kressehaare« bekommen haben, kannst du diese mit einer Schere abschneiden und essen. Sie schmecken zum Beispiel auf Butterbrot ganz wunderbar.

Biskuit mit Vanillepudding und Erdbeeren

Für 1 Kuchen
Zubereitungszeit: 1 Stunde 30 Minuten,
davon 15 Minuten Backzeit

Für 1 Springform von 26 cm Durchmesser

- 75 g Mehl
- 25 g gemahlene Mandeln
- 1 Prise Zimt
- 3 Eier
- 100 g Zucker
- 1 Prise Salz
- 1 Päckchen Vanille-Puddingpulver
- ½ l Milch
- 500 g Erdbeeren
- 1 Päckchen klarer Tortenguss

Biskuit ist ein luftig leichter Teig, der sehr lecker schmeckt.

Erst der Biskuitboden: Das Mehl, die gemahlenen Mandeln und den Zimt in einer Schüssel mischen. Schlage die Eier, 75 g Zucker und 1 Prise Salz in einer zweiten Schüssel mit den Quirlen des Handrührgerätes 5 Minuten lang schaumig. Rühre die Mehlmischung vorsichtig mit einem Schneebesen hinein.

Nun das Backen: Die Springform einfetten und den Teig hineingeben. Backe den Biskuitboden im heißen Ofen bei 180 Grad (Umluft 160 Grad) 15 Minuten. Nimm ihn nach dem Backen (mit Backhandschuhen!) aus dem Ofen, stürze ihn aus der Form und lass ihn abkühlen.

Der Vanillepudding: Verrühre die restlichen 25 g Zucker, das Puddingpulver und 50 ml kalte Milch mit einem Löffel. Erhitze die restliche Milch in einem Topf und rühre das angerührte Puddingpulver mit einem Schneebesen hinein. Kräftig rühren und aufpassen, dass der Pudding nicht anbrennt. Dann vom Herd ziehen, den warmen Vanillepudding auf dem Tortenboden verteilen und abkühlen lassen.

Jetzt das Obst: Putze die Erdbeeren, schneide den Strunk ab und viertele sie. Das Obst auf dem Kuchen verteilen.
Nun den Tortenguss und ¼ l kaltes Wasser in einem kleinen Topf verrühren. Lass den Guss einmal aufkochen und gieß ihn über die Erdbeeren.

Spiegeleier im Paprikaring

Besonders hübsch sieht es mit verschiedenfarbigen Paprikaringen aus. Was übrig bleibt, kannst du einfach roh dazu essen.

Für 4 Portionen
Zubereitungszeit: 20 Minuten

- 1 rote Paprika
- 30 g Butter
- 4 mittelgroße Eier
- Salz, Pfeffer
- etwas gemahlenes Paprikapulver
- 4 Scheiben frisches Vollkornbrot

So geht's: Schneide von der Paprika oben den „Deckel" ab und entferne die Kerne. Dann die Paprika in fingerdicke Ringe schneiden.
Nun erhitzt du die Butter in einer Pfanne und setzt 4 Paprikaringe hinein. Diese brätst du an und wendest sie einmal. Nun in jede Paprika ein Ei schlagen und bei milder Hitze 5 Minuten braten lassen. Dann würzt du das Ei mit Salz, Pfeffer und Paprikapulver.
Das schmeckt köstlich mit frischem Brot.

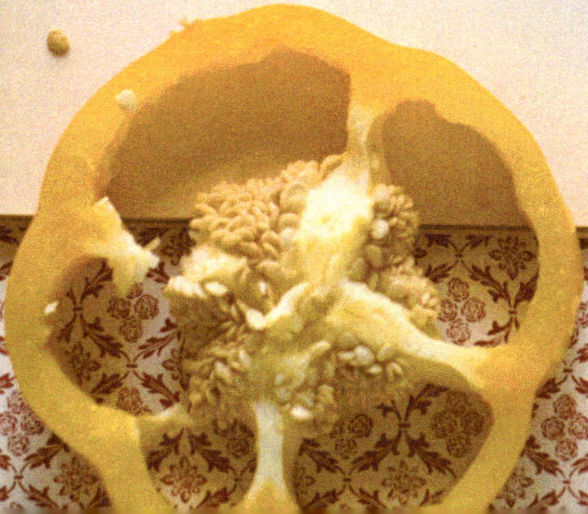

Spaghetti alla Carbonara

Für 4–6 Portionen
Zubereitungszeit: 30 Minuten

100 g roher Schinken
1 Zwiebel
30 g Parmesankäse
4 mittelgroße Eier
3 EL Schlagsahne
Salz, Pfeffer
2 EL Olivenöl
400 g Spaghetti

So geht's: Den Schinken in Würfel schneiden. Die Zwiebel schälen und auch in Würfel schneiden. Reibe den Parmesan auf der feinen Seite der Küchenreibe. Schlag die Eier in eine Schüssel, gib die Schlagsahne und den Parmesan dazu und verrühre alles mit einem Schneebesen. Mit Salz und Pfeffer würzen. Erhitze das Öl in einer beschichteten Pfanne und brate die Schinken- und Zwiebelwürfel an.
Nun kochst du die Spaghetti in einem großen Topf voll Wasser 10 Minuten. Füge etwas Salz hinzu. Dann die Spaghetti abgießen, zurück in den Topf geben und mit der Eimasse sowie dem Schinken mischen. Durch die Hitze der Spaghetti stocken die Eier (das heisst, die Eimasse wird fest). Alles nochmal gut vermischen und servieren.

Eisfrüchte am Stiel Seite 80

Cola-Wassereis Seite 81

Heidelbeer-Joghurt-Eis Seite 82

Melonenraketen Seite 82

Himbeer-Kokos-Eis Seite 82

Erdbeer-Eis Seite 82

Achtung! Für alle Eisrezepte in diesem Kapitel gilt: Du brauchst bei dem Eis 3 Stunden Geduld, bis es gefroren ist. In der Zeit kannst du aber prima andere Sachen machen, sodass die Zeit schnell verfliegt.

Wassermelonen-Eisbombe	Seite 84
Tri-Frutti-Marmelade	Seite 86
Focaccia	Seite 89
Essbare Blüten	Seite 90
Salat mit essbaren Blüten	Seite 94
Tomatenbrote	Seite 96
Schokopudding-Pflanze	Seite 98

Für 4 Eis
Zubereitungszeit: 1 Stunde
plus 3 Stunden Gefrierzeit

1 Kiwi
100 g Erdbeeren
100 g Blaubeeren
200 g Ananas
150 ml heller Traubensaft

4 Eis-am-Stiel-Bereiter
4 Holzstiele

Du kannst auch jedes andere Lieblingsobst verwenden!

Eisfrüchte am Stiel

Erst das Obst: Wasche die Erdbeeren und Blaubeeren und lass sie gut abtropfen. Die Erdbeeren mit einem Messer halbieren. Schäle die Kiwi und schneide sie in Scheiben. Von der Ananas den oberen Teil mit den Blättern abschneiden. Dann teilst du sie der Länge nach in Viertel, so lässt sie sich besser schälen. Dann entfernst du den Mittelstrunk und schneidest sie in kleine Stücke. Das Obst auf die 4 Förmchen verteilen und den Traubensaft daraufgießen. In jede Form einen Holzstiel setzen.
Nun lässt du alles für mindestens 3 Stunden gefrieren. Wenn das Eis gefroren ist, die Eisbehälter kurz unter warmes Wasser halten, so löst sich das Eis gut aus der Form.

Du kannst so alle möglichen Geschmacksrichtungen zaubern, z. B. könntest du auch 300 ml Apfel-Mangosaft (oder deinen Lieblingssaft) nehmen. Den Saft kannst du, ohne ihn zu kochen, direkt in die Formen füllen und gefrieren.

COLA-Wassereis

Für 4 Eis
Zubereitungszeit: 30 Minuten und 3 Stunden Geduld, bis alles gefroren ist

450 ml Cola
4 Wassereisbehälter

So geht's: Gieße die Cola in eine Schüssel und lass sie 15 Minuten stehen, damit sich die Kohlensäure verflüchtigt.
Anschließend füllst du die Cola in die Wassereisbehälter und stellst sie ins Gefrierfach (falls du keine Wassereisbehälter hast, kannst du auch andere Becher nehmen). Nach 3 Stunden hältst du die Wassereisbehälter kurz unter warmes Wasser und drückst das Eis aus der Form. Oberlecker!

Du kannst das Eis auch einfach in einer Tasse oder einem kleinen Schälchen gefrieren lassen.

① Heidelbeer-Joghurt-Eis

Für 6 Eis am Stiel
Zubereitungszeit: 1 Stunde
plus 3 Stunden Gefrierzeit

350 g Heidelbeeren oder Blaubeeren
200 g Naturjoghurt
5 EL Holunderblütensirup (oder flüssiger Honig)

6 kleine Papierbecher
6 Holzstiele

So geht's: Die Heidelbeeren waschen und gut abtropfen lassen. Fülle sie mit dem Joghurt und dem Sirup in ein hohes Gefäß, z. B. einen Messbecher. Püriere nun alles mit einem Mixstab. Danach den Heidelbeerjoghurt auf die Becher verteilen. Diese setzt du auf einen Teller und stellst ihn ins Gefrierfach. Das Eis muss mindestens 3 Stunden gefrieren. Nach 1 Stunde Gefrierzeit (am besten stellst du dir dafür einen Küchenwecker) die Holzstiele in die Eisbecher stecken und weiter gefrieren lassen.

② Melonen-Raketen

Für 6 Eis am Stiel
Zubereitungszeit: 1 Stunde
plus 3 Stunden Gefrierzeit

1 kleine Cantaloupe-Melone (das sind die mit der hellbraunen Schale, das Fruchtfleisch ist orange)
5 EL Holunderblütensirup (oder flüssiger Honig)
2 EL Zitronensaft
2 Päckchen Vanillezucker
6 Raketen-Eis-am-Stiel-Formen (z. B. von Cuisipro)

So geht's: Halbiere die Melone und löse die Kerne mit einem Löffel heraus. Schneide dann die Melone in Schiffchen und entferne die Schale. Das Fruchtfleisch in Würfel schneiden und die Melonenwürfel in eine große, hohe Schüssel füllen. Den Sirup, den Zitronensaft und den Vanillezucker hinzufügen. Nun pürierst du alles ganz fein mit einem Mixstab.
Als Nächstes füllst du die pürierte Melone in die Eis-am-Stiel-Formen und steckst die Deckel mit dem Stiel hinein. Die Formen ins Gefrierfach stellen und mindestens 3 Stunden gefrieren lassen.

③ Himbeer-Kokos-Eis

Für 6 Eis am Stiel
Zubereitungszeit: 1 Stunde
plus 3 Stunden Gefrierzeit

350 g Himbeeren
200 ml Kokosmilch
3 EL Kokosflocken
5 EL Holunderblütensirup (oder flüssiger Honig)

6 kleine Papierbecher
6 Holzstiele

So geht's: Die Himbeeren waschen und gut abtropfen lassen. Fülle sie dann mit der Kokosmilch, den Kokosflocken und dem Sirup in einen Messbecher. Püriere alles mit einem Mixstab fein. Verteile danach die Himbeer-Kokos-Masse auf die Becher. Setze die Becher auf einen großen Teller und stelle diesen ins Gefrierfach. Das Eis muss mindestens 3 Stunden gefrieren. Nach 1 Stunde Gefrierzeit (am besten stellst du dir dafür einen Küchenwecker) die Holzstiele in die Eisbecher stecken und das Eis weiter gefrieren lassen.

④ Erdbeer-Eis

Für 6 Eis am Stiel
Zubereitungszeit: 1 Stunde
plus 4 Stunden Gefrierzeit

500 g Erdbeeren
50 ml Orangensaft
5 EL Holunderblütensirup (oder Honig)
2 Päckchen Vanillezucker
6 Eis-am-Stiel-Formen
6 Holzstiele

So geht's: Die Erdbeeren waschen, den Strunk wegschneiden und die Früchte halbieren. Fülle sie dann in einen Messbecher und füge Orangensaft, Sirup und Vanillezucker hinzu. Nun pürierst du alles fein mit einem Mixstab und füllst dann die Erdbeermasse in die Eis-am-Stiel-Formen. Die Formen ins Gefrierfach stellen und mindestens 4 Stunden gefrieren. Nach 1 Stunde Gefrierzeit die Holzstiele in die Eisbecher setzen und 3 Stunden weiter gefrieren lassen.

1
2
Wenn das Eis fertig ist,
tauchst du die Gefriergefäße
kurz in heißes Wasser, dann
kannst du das Eis leichter
herauslösen.
4
3

Du kannst leicht herausfinden, wie viele Liter in deine Schüssel passen, indem du mit einem Messbecher Wasser zur Probe einfüllst.

WASSERMELONEN EISBOMBE

Für eine Eisbombe
Zubereitungszeit: 1 Stunde plus 4 Stunden Gefrierzeit (am besten über Nacht, dann musst du nicht warten, sondern kannst schlummern)

FÜR DIE GRÜNE „SCHALE":
75 g Zucker
1 Beutel grüne Götterspeise für ½ l Flüssigkeit

FÜR DAS ROTE „MELONEN-FRUCHTFLEISCH":
150 g Zucker
200 ml Rhabarbersaft
750 g tiefgefrorene Himbeeren
50 g Schokoladenraspel
einige Waffelkekse

Für die grüne „Schale": Fülle ½ l kaltes Wasser, 75 g Zucker und das Götterspeisenpulver in einen Topf und lass es 10 Minuten aufquellen. Aufkochen und dann etwas abkühlen lassen. Gib die Götterspeise in eine mittelgroße Schüssel (etwa 1 ½ l sollten hineinpassen), setze eine zweite kleinere Schüssel in die Schüssel mit der Götterspeise und beschwere sie mit 3 kleinen Steinen oder einem anderen passenden Gegenstand. So entsteht die „grüne Schale". Stelle sie nun für 30 Minuten ins Gefrierfach. Dort wird die Schale fest.

So entsteht das rote „Wassermelonenfruchtfleisch": Gib den Zucker, den Rhabarbersaft und die Himbeeren in einen Topf und lass alles aufkochen. Den Topf abkühlen lassen und dann die Zutaten mit einem Mixstab pürieren (Achtung, das spritzt!). Mische die Schokoraspel unter die Himbeermasse. Jetzt holst du die grüne Schale aus dem Gefrierfach und entfernst die kleine innere Schüssel. In diese grüne Eisschale füllst du nun die rote Masse, deckst alles mit Frischhaltefolie ab und stellst die Schale erneut für 4 Stunden ins Gefrierfach.

Jetzt kannst du sie herausnehmen: Fülle warmes Wasser ins Spülbecken und tauche die ganze Schüssel mit der Eisbombe kurz ins warme Wasser (bis zur Schüsselkante eintauchen!). Stell die Schüssel mit dem Boden nach unten auf einen Teller und drehe sie um. (Das nennt man »stürzen«.) An der Schüssel etwas rütteln, damit sich die Eisbombe vom Rand lösen kann. Dann die Eisbombe in Scheiben schneiden und mit den Waffelkeksen genießen. Decke die übrige Eisbombe mit Frischhaltefolie ab und stelle sie wieder ins Gefrierfach zurück.
Den Rest kannst du mit deinen Freunden oder deiner Familie an einem anderen Tag essen.

Ein guter Trick, um gepflückte Beeren zu transportieren, wenn man keinen Behälter dabei hat! Das Auffädeln macht richtig Spaß, und später kannst du die Beeren direkt vom Halm naschen ...

Tri-Frutti-MARMELADE

Tri Frutti ist italienisch und heißt „3 Früchte“, in diesem Fall Himbeere, Johannisbeere und Erdbeere.

Erst die Gläser sauber machen: Als Erstes kochst du Wasser im Wasserkocher. Dann übergießt du die Gläser und Schraubdeckel mit dem kochenden Wasser. Wenn das Wasser etwas abgekühlt ist, schüttest du es weg. Nun sind die Gläser richtig sauber (und auch frei von unsichtbaren Keimen, das nennt man »steril«), sodass die Marmelade sich später länger hält.

Dann das Obst und das Aufkochen: Zupfe die Johannisbeeren von den Rispen. Wasch die Himbeeren und lass sie gut abtropfen. Schneide den Erdbeerstrunk ab und schneide die Erdbeeren in Stücke. Gib dann alle Früchte in einen Topf und koche sie mit dem Gelierzucker auf. Lass die Marmelade 3 Minuten sprudelnd kochen. Rühre die Marmelade dabei mit einem Holzlöffel immer wieder um. Achtung, dabei kannst du dich leicht verbrennen. Mit einer Schaumkelle den Schaum oben abschöpfen.

Nun das Einfüllen in die Gläser: Fülle die Marmelade mit einer Kelle in die Gläser. Schraube die Gläser gut zu und stelle sie auf den Kopf. Die Marmelade muss mindestens 1 Tag abkühlen; sie hält sich ungeöffnet 2–3 Monate und nach dem Öffnen im Kühlschrank etwa 1 Monat.

Wenn grad nicht Sommer ist, kannst du auch tiefgekühlte Beeren nehmen!

Für 3–4 Gläser
Zubereitungszeit: 2 Stunden
Und die Marmelade braucht noch einen Tag, um abzukühlen und fest zu werden.

400 g Johannisbeeren
500 g Himbeeren
600 g Erdbeeren
500 g Gelierzucker 3:1

Focaccia ist ein Fladenbrot aus Italien. Ein Hefeteig wird mit Olivenöl, Salz und nach Lust und Laune auch Kräutern belegt. Die Ursprünge der Focaccia gehen weit in die Vergangenheit zurück, die Römer nannten sie „Panis focacius" (von lateinisch focus, Herd). Sie ist eine Verwandte der Pizza.

Focaccia mit Tomaten, Oliven und Kräutern

Für 4–6 Kinder
Zubereitungszeit: 1 Stunde und 30 Minuten, davon 20–25 Minuten Backzeit

- 4 Zweige Rosmarin
- 225 g Dinkelmehl (Type 630) oder Weizenmehl (Type 405)
- ½ Teelöffel Salz
- 4 EL Olivenöl
- ½ Würfel frische Hefe (20 g)
- 300 g Kirschtomaten
- 100 g Oliven ohne Stein
- 1 Knoblauchzehe

Erst der Teig: Zupfe die Rosmarinnadeln von den Zweigen und hacke sie fein. Füll das Mehl, das Salz, den gehackten Rosmarin, 2 EL Öl und 150 ml handwarmes Wasser in eine Schüssel. Brösele die Hefe hinein (Hefe fühlt sich an wie Radiergummi, riecht aber ganz anders). Die Zutaten mit den Knethaken des Handrührgeräts zu einem glatten Teig verrühren. Decke nun den Teig mit einem Tuch ab und lass ihn an einem warmen Ort etwa 1 Stunde gehen (der Teig verdoppelt sich dann).

Inzwischen der Belag: Während der Teig aufgeht, die Tomaten in Würfel schneiden und die Oliven in Hälften. Dann schäle den Knoblauch und schneide ihn in dünne Scheiben.

Jetzt geht's nochmal an den Teig: Krempel deine Ärmel hoch und knete den Teig nochmal mit den Händen durch. Den Backofen auf 180 Grad (Umluft 160 Grad) vorheizen. Ein Backblech mit einem Bogen Backpapier auslegen. Streu etwas Mehl auf eine Arbeitsfläche und rolle den Hefeteig mit einem Nudelholz auf die Größe vom Backblech aus. Leg den Teig auf das Backpapier und drück mit den Fingern Löcher in den Teig (das macht richtig Spaß!). Beleg nun den Teig mit Tomaten, Oliven und Knoblauch. Zum Schluss träufelst du noch 2 EL Olivenöl über den Teig.

Nun das Backen: Schiebe das Blech in den heißen Ofen und backe den Teig 20–25 Minuten. Dann nimmst du das Backblech (mit Backhandschuhen!) aus dem Ofen und lässt die Focaccia so lange abkühlen, bis du sie gut essen kannst.

Essbare Blüten

Eine tolle Idee:
Blütenblätter lassen sich ganz leicht kandieren, indem du sie mit Eiweiß bepinselst und danach in Zucker wälzt – Das glitzert, als wären sie vereist ... Damit kannst du dann zum Beispiel einen Kuchen dekorieren!

Wenn du essbare Blüten zwischen dicken Buchseiten trocknest, kannst du sie später hier einkleben und ein eigenes Herbarium erstellen (so nennen Wissenschaftler eine Sammlung von getrockneten Pflanzen)!

SALAT mit essbaren Blüten

Für 4–6 Kinder
Zubereitungszeit: 25 Minuten

1 Kopfsalat
1 kleiner Radicchiosalat
3 Handvoll gemischte Blüten (Kapuzinerkresse, Heckenrosen, Rosenblüten, Gänseblümchen, Ringelblumen, Wiesenkleeblüten, Borretschblüten)

FÜR DAS DRESSING:
100 g Joghurt
2 EL Olivenöl
1 TL flüssiger Honig
3 EL Zitronensaft
Salz, Pfeffer

Erst der Salat: Zupfe den Salat in mundgerechte Stücke (also so klein, dass du sie später gut in deinen Mund stecken kannst) und wasche ihn in kaltem Wasser. Die Blüten spülst du auch einmal mit kaltem Wasser ab. Dann lässt du den Salat in einem Sieb gut abtropfen.

Nun das Dressing: Fülle alle Zutaten für das Dressing in ein Glas mit Schraubdeckel, verschließe es ordentlich und schüttle alles einmal ganz kräftig durch. Vermische dann das Dressing mit dem Salat.

Falls du die Tomatenbrote (siehe Seite 96) dazu machen möchtest, machst du diese am besten, bevor du den Salat zubereitest. Dann bleibt er noch schön knackig!

Wenn du die Brote wie in Italien zubereiten möchtest, dann röste das Brot noch im Ofen. Die Italiener nennen dieses Rezept Bruschetta (sprich Brus'ketta).

Tomatenbrote

Für 4–6 Portionen
Zubereitungszeit: 30 Minuten

4 große Tomaten
½ Knoblauchzehe
3 Zweige Basilikum
2 EL Olivenöl
Salz, Pfeffer
1 Baguette

So geht´s: Schneide die Tomaten in feine Würfel. Schäle den Knoblauch und hacke ihn fein. Die Basilikumblätter zupfst du ab und hackst auch sie fein. Dann alles mit Olivenöl, Salz und Pfeffer in einer Schüssel vermischen.
Schneide nun das Baguette in Scheiben und verteile die Tomaten darauf.
Das schmeckt super zu dem Salat auf Seite 94 .

Auch die Tomate wächst grün
am Strauch und erhält ihre rote
Farbe eigentlich durch langes Reifen
in der Sonne ... hier haben wir
ein wenig nachgeholfen.

Für 4 Blumentöpfe
Zubereitungszeit: 1 Stunde

½ l Milch
2 EL Zucker
1 Päckchen Schokoladen-Puddingpulver
1 Schokoladen-Muffin (vom Bäcker)
6 Gänseblümchen

6 kleine Blumentöpfe (je 200 ml Inhalt)
Backpapier

Schokopudding-Pflanze

Erst den Pudding kochen: Verrühre 4 EL Milch, den Zucker und das Puddingpulver in einer Schüssel mit einem Löffel, bis die Flüssigkeit klumpenfrei ist. Die restliche Milch in einem Topf erhitzen und das angerührte Puddingpulver mit einem Schneebesen hineinrühren. Lass nun die Milch bei milder Hitze aufkochen und rühre dabei immer wieder den Pudding um (er verbrennt unglaublich schnell). Wenn der Pudding dick wird, füllst du ihn in eine Schüssel und lässt ihn abkühlen.
Jetzt werden „Pflanzen" daraus: Du schneidest aus Backpapier 6 Kreise von 20 cm Durchmesser aus. Für die „Erde" zerkrümelst du den Schoko-Muffin mit den Händen. Dann legst du 6 saubere Blumentöpfe auf den Backpapierkreisen aus und verteilst den Schokopudding auf die Blumentöpfe. Die Muffin-Brösel-Erde daraufgeben und in jede Schokopudding-Pflanze ein Gänseblümchen stecken.

Kirsche
Johannisbeere
Blaubeere
Himbeere
Brombeere
Erdbeere

Rote Grütze mit Vanillesauce Seite 102
Blaubeer-Schoko-Dessert Seite 104
Johannisbeerkuchen mit Eischneehaube Seite 106
Himbeer-Shake Seite 108
Erdbeeren mit Schlagsahne Seite 108
Beeren-Pfannkuchentorte Seite 110
Kirschenmichel Seite 112

Oh, wie süüüüss!

Rote Grütze mit Vanillesauce

Für 4–6 Portionen
Zubereitungszeit: 1 Stunde 30 Minuten

400 g gemischte Beeren
(z. B. Himbeeren, Brombeeren, Johannisbeeren, Heidelbeeren, Erdbeeren)
100 g Zucker
300 ml roter Traubensaft
2 EL Speisestärke
1 Vanilleschote
150 ml Milch
2 EL Vanillepuddingpulver
50 ml Schlagsahne

Erst die rote Grütze: Putze die Beeren und wasch sie. Halbiere die Erdbeeren und schneide die Strünke ab. Koche jetzt 70 g Zucker und den Traubensaft in einem Topf auf. Die Speisestärke mit etwas kaltem Wasser in einer kleinen Schüssel glatt rühren. Dann die Speisestärke mit einem Schneebesen in den kochenden Saft einrühren und einmal aufkochen lassen. Füge noch die Beeren hinzu. Lass die Grütze abkühlen.

Nun die Vanillesauce: Halbiere die Vanilleschote längs und kratze das Mark mit einem kleinen Löffel heraus. Verrühre 4 EL kalte Milch mit dem Vanillepuddingpulver. Koche die Milch, die Sahne, die Vanilleschote, das Vanillemark und die restlichen 30 g Zucker auf. Dann das Puddingpulver mit einem Schneebesen einrühren und einmal aufkochen lassen (Achtung, auf jeden Fall weiterrühren, das brennt schnell an). Fertig ist die Vanillesauce, nun muss sie nur noch abkühlen. Dann kannst du sie mit der roten Grütze servieren. Falls dir das Zubereiten der Vanillesauce zu aufwendig ist, kannst du Vanillesauce auch fertig kaufen.

MEIER PUDDING
Soßenpulver
Bourbon-Vanille
Wenn grad nicht Sommer ist, kannst du auch tiefgekühlte Beeren nehmen!

Blaubeer-Schoko-Dessert

Für 4 Portionen
Zubereitungszeit: 25 Minuten

150 ml Schlagsahne
6 EL Ahornsirup
200 g Quark
1 Päckchen Vanillezucker
1 Schokoladenmuffin (vom Bäcker)
200 g Blaubeeren
2 EL Zucker

So geht's: Schlage die Sahne mit den Quirlen des Handrührgeräts steif. Verrühre nun den Ahornsirup, den Quark, den Vanillezucker und die geschlagene Sahne. Zerbrösele den Muffin. Die Blaubeeren waschen und in einem Sieb gut abtropfen lassen. Vermische sie mit 2 EL Zucker. Nun schichtest du abwechselnd den Sahnequark, die Blaubeeren und die Muffinbrösel in 4 Gläser. Fertig!

Johannisbeerkuchen mit Eischneehäube

Erst die Johannisbeeren: Zupfe die Johannisbeeren von den Rispen. Das geht am besten mit den Zinken einer Gabel: Damit kannst du die Beeren leicht von den Rispen streifen.

Nun der Teig: Du trennst die Eier (wie das geht, siehst du auf Seite 12), füllst das Eiweiß in eine Schüssel und die Eigelbe in eine kleine Schale. Gib nun die Butter und 75 g Zucker in eine Schüssel und schlage die Butter mit den Quirlen des Handrührgeräts schaumig. Füge dann die Eigelbe hinzu. Mehl und Milch rührst du auch darunter.

Schlage das Eiweiß mit den restlichen 100 g Zucker in einer fettfreien Schüssel mit den Quirlen des Handrührgeräts steif. Die gehackten Mandeln darunterheben.

Als Nächstes fettest du die Springform ein. Erst füllst du den Teig ein, darauf verteilst du die Johannisbeeren und dann den Eischnee.

Nun das Backen: Im heißen Backofen bei 170 Grad (Umluft 150 Grad) etwa 1 Stunde backen. Dann nimm den Kuchen (mit Backhandschuhen!) aus dem Ofen. Füll den Puderzucker in ein kleines Sieb und bestreue den Kuchen damit.

Für 1 Kuchen mit 16 Stücken
Zubereitungszeit: 1 Stunde 30 Minuten, davon 1 Stunde Backzeit

500 g Johannisbeeren
3 mittelgroße Eier
125 g zimmerwarme Butter
175 g Zucker
250 g Weizenmehl (Type 405 oder 550)
100 ml Milch
150 g gehackte Mandeln
2–3 EL Puderzucker zum Bestäuben

1 Springform (26 cm Durchmesser)

Wenn man Eiweiß steif schlagen möchte, müssen Schüssel und Quirle unbedingt fettfrei sein, sonst klappt es nicht.

Himbeer-Shake

Für 4 Portionen
Zubereitungszeit: 15 Minuten

- 200 g Himbeeren
- 150 g Vollmilchjoghurt
- 150 ml Milch
- 4 EL Ahornsirup
- 1 Päckchen Vanillezucker

So geht's: Wasch die Himbeeren und lass sie gut abtropfen. Joghurt, Milch, Ahornsirup, Vanillezucker und die Himbeeren in eine hohe Schüssel geben und mit dem Mixstab alles gut pürieren. In Gläser füllen und wegschlürfen.

Mmmmhhhh! gezuckerte Erdbeeren mit SCHLAGSAHNE!

Für 4–6 Portionen
Zubereitungszeit: 25 Minuten

- 500 g Erdbeeren
- 40 g Zucker
- 150 ml Schlagsahne
- 1 Päckchen Vanillezucker

So geht's: Schneide die Erdbeerstrünke ab. Putze und viertle die Erdbeeren. Vermische sie mit dem Zucker und lass sie 15 Minuten ziehen. Währenddessen schlägst du die Sahne und den Vanillezucker mit den Quirlen des Handrührgeräts steif. Und schon kannst du die gezuckerten Erdbeeren mit Sahne mit deinen Freunden genießen.

Mit gefrorenen Beeren wird
es ein leckerer Eis-Shake!

Beeren-Pfannkuchentorte

Für 6–8 Portionen
Zubereitungszeit: 1 Stunde

Für den Pfannkuchenteig:

- 400 ml Milch
- 250 g Dinkelmehl (oder Weizenmehl)
- 4 mittelgroße Eier
- 100 ml Mineralwasser
- 70 g Zucker
- 30 g Butter

Für die Creme und die Beeren:

- 100 ml Schlagsahne
- 400 g Speisequark
- 5 EL Holunderblütensirup (oder 5 EL flüssiger Honig)
- 2 Päckchen Vanillezucker
- 250 g Heidelbeeren
- 250 g Johannisbeeren
- 2 EL Zucker

Erst der Pfannkuchenteig: Schütte die Milch in eine Schüssel und füge das Mehl hinzu. Vermische beides mit einem Schneebesen. Dann gib die Eier, das Mineralwasser und den Zucker dazu und verrühre alles zu einem glatten Teig. Die Butter in einem kleinen Stieltopf erhitzen.
Stell eine mittelgroße Pfanne auf den Herd und pinsle sie mit einem Küchenpinsel mit etwas flüssiger Butter ein. Dann mit einer Schöpfkelle eine Kelle voll Teig in die Pfanne gießen. Backe den ersten Pfannkuchen von beiden Seiten goldgelb aus und wiederhole das so lange, bis der Teig aufgebraucht ist (es werden etwa 12 Pfannkuchen). Pinsle nach jedem fertigen Pfannkuchen die Pfanne wieder mit etwas Butter ein.
Dann die Creme: Erst schlägst du die Sahne mit den Quirlen des Handrührgerätes steif. Dann Quark, Holunderblütensirup und Vanillezucker ebenfalls mit den Quirlen des Handrührgeräts in einer Schüssel verrühren. Hebe die geschlagene Sahne mit einem Schneebesen unter die Quarkcreme. Wasch alle Beeren und lass sie gut abtropfen. Zupfe die Johannisbeeren von den Rispen (du kannst sie gut mit einer Gabel abstreifen). Vermische die Beeren mit dem Zucker.
Nun wird's eine Pfannkuchentorte: Als Erstes nimmst du einen Pfannkuchen, streichst 2 EL Creme darauf und verteilst dann 2 EL von den Beeren darüber. Nun setze den nächsten Pfannkuchen darauf und schichte die Creme, die Beeren und die Pfannkuchen so lange, bis alles zu einem leckeren Stapel aufgetürmt ist.

Du kannst versuchen, die Pfannkuchen mit der Pfanne in der Luft zu wenden, dann studierst du gleich noch eine Zirkusnummer ein.

Kirschenmichel mit Vanilleeis

Für 4–6 Portionen
Zubereitungszeit: 1 Stunde 30 Minuten, davon 45 Minuten Backzeit

½ Baguette
100 ml Milch
3 mittelgroße Eier
100 g Zucker
100 g Butter
1 Päckchen Vanillezucker
½ TL Zimt
100 g Schmand (Crème fraîche)
300 g Kirschen
(alternativ 250 g tiefgefrorene Kirschen oder 1 Glas Schattenmorellen)
200 ml Vanilleeis

Alufolie

Erst der Teig: Das Baguette in dünne Scheiben schneiden. Erwärme die Milch in einem Topf und tränke die Baguettescheiben darin. Trenne die Eier (wie das geht, siehst du auf Seite 12). Das Eiweiß mit den Quirlen des Handrührgeräts in einer fettfreien Schüssel mit 50 g Zucker so lange schlagen, bis es steif ist. Als Nächstes gibst du die Butter, die restlichen 50 g Zucker, den Vanillezucker und Zimt in eine Schüssel. Schlage die Buttermasse mit dem Handrührgerät schaumig. Die Eigelbe und den Schmand hinzufügen. Das steifgeschlagene Eiweiß hebst du unter den Teig (was unterheben ist, erfährst du auf Seite 12). Fette die Backform mit Butter ein. Entsteine die Kirschen (Achtung, das spritzt, und die Flecken gehen schlecht wieder aus deiner Kleidung raus!). Dann schichte die Brotscheiben, die Ei-Zucker-Masse und die Kirschen in die Form und schließe mit der Ei-Zucker-Masse ab.

Nun das Backen: Jetzt ist es so weit und du schiebst den Kirschenmichel in den heißen Ofen. Backe ihn bei 170 Grad (Umluft 150 Grad) 45 Minuten lang. Nach 15 Minuten die Form mit Alufolie abdecken, dann wird der Michel nicht zu braun, sondern gart innen gut durch. Wenn der Kirschenmichel fertig ist (steck eine Stricknadel in den Kuchen und ziehe sie wieder raus, es darf kein roher Teig mehr daran haften), nimmst du ihn (mit Backhandschuhen!) aus dem Ofen und lässt ihn abkühlen. Nun kannst du ihn mit dem Vanilleeis zusammen mit deinen Freunden essen.

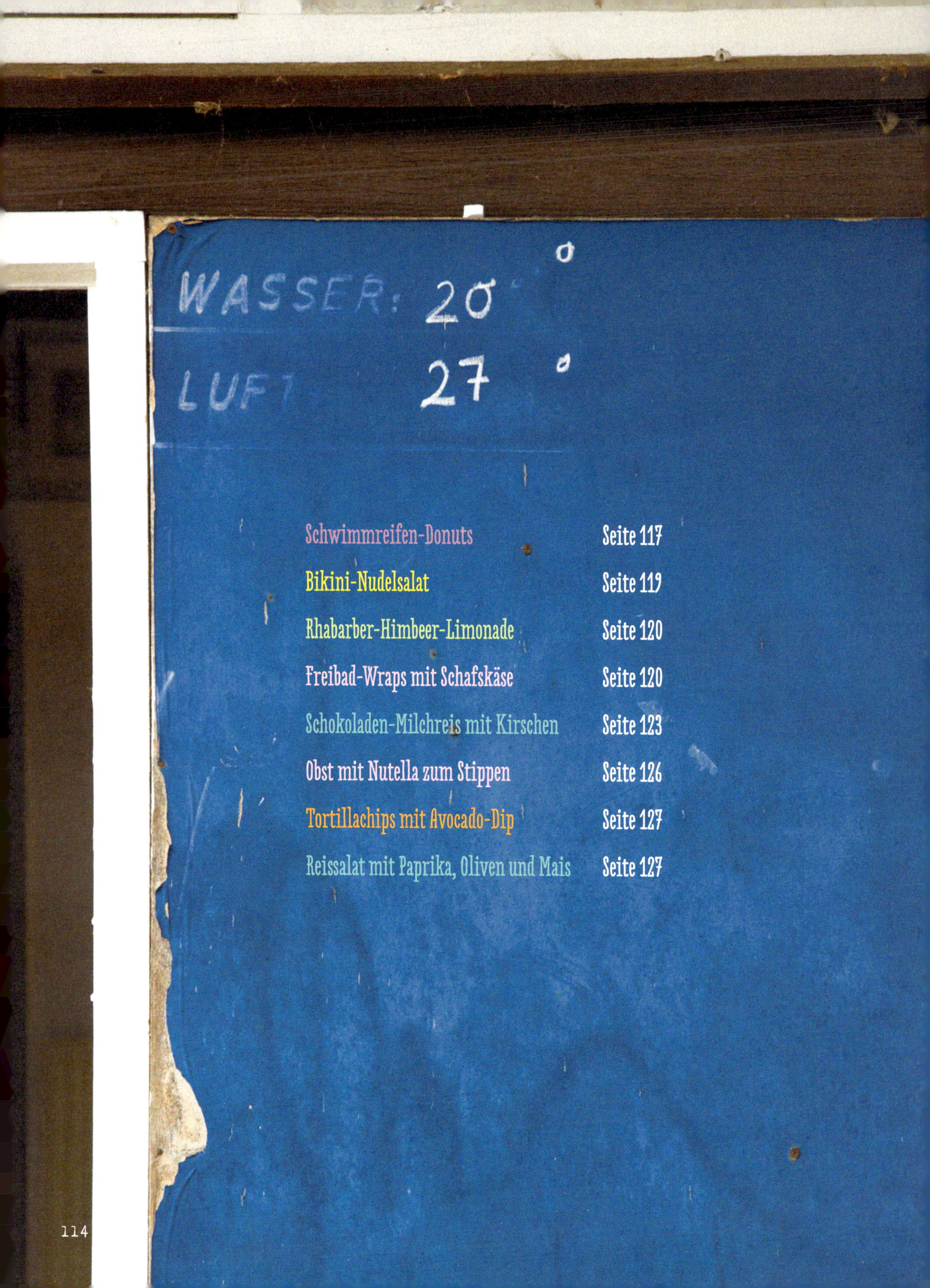

Schwimmreifen-Donuts Seite 117

Bikini-Nudelsalat Seite 119

Rhabarber-Himbeer-Limonade Seite 120

Freibad-Wraps mit Schafskäse Seite 120

Schokoladen-Milchreis mit Kirschen Seite 123

Obst mit Nutella zum Stippen Seite 126

Tortillachips mit Avocado-Dip Seite 127

Reissalat mit Paprika, Oliven und Mais Seite 127

freibad

Für 12 Minidonuts
Zubereitungszeit: 1 Stunde 30 Minuten, davon 20 Minuten Backzeit

Schwimmreifen-Donuts

Erst der Teig: Den Backofen auf 175 Grad (Umluft 160 Grad) vorheizen. Gib Quark, Zucker, Vanillezucker, Salz, Milch und das Öl in eine Schüssel und verrühre alles mit den Quirlen des Handrührgeräts. Dann das Mehl mit dem Backpulver vermengen und darunterrühren. Die Mulden der Backform mit Butter einfetten und den Teig hineinfüllen. Schiebe die Backform in den Ofen und backe die Donuts 20 Minuten. Danach nimmst du die Donuts (mit Backhandschuhen!) aus dem Ofen und lässt sie abkühlen.

Währenddessen kannst du den Guss vorbereiten: Verrühre in einer Schüssel den Puderzucker und den Zitronensaft mit den Quirlen des Handrührgeräts.

Jetzt werden „Schwimmreifen" daraus: Wenn die Donuts abgekühlt sind, bestreichst du sie mit einem Pinsel mit dem Puderzuckerguss und streust die Kokosraspel darauf. Nun kannst du je 2 Himbeerschnüre um die Donuts wickeln, sodass du schöne Schwimmreifen erhältst.

100 g Speisequark
50 g Zucker
1 Päckchen Vanillezucker
1 Prise Salz
8 EL Milch

2 EL Öl
100 g Dinkelmehl
2 TL Backpulver
Butter für die Form
100 g Puderzucker
2 EL Zitronensaft
3 EL Kokosraspel
1 Tüte Erdbeerschnüre

1 12er-Donut-Mini-Backform (z. B. von Städter)

Bikini-Nudelsalat

Für 4 Portionen
Zubereitungszeit: 1 Stunde

2 Hühnerbrüste
Salz, Pfeffer
1 TL getrocknete Kräuter der Provence
4 EL Olivenöl
1 Kopf Brokkoli
300 g Mini-Farfalle
100 g getrocknete Tomaten in Öl
100 g Joghurt
2 EL Zitronensaft

Erst braten wir das Huhn: Würze die Hühnerbrüste mit Salz, Pfeffer und Kräutern der Provence. Erhitze in einer kleinen Pfanne 2 EL Olivenöl. Brate darin die Hühnerbrüste von jeder Seite 5 Minuten, bis sie leicht braun und knusprig aussehen. Wenn sie fertig sind, abkühlen lassen.

Nun das Schnippeln und Kochen: Den Brokkoli waschen und in kleine Röschen schneiden. Koche in einem Topf Wasser mit 1 TL Salz auf und koche darin die Farfalle 8 Minuten (am besten stellst du dir einen Küchenwecker). Nach 5 Minuten Kochzeit gibst du die Brokkoliröschen dazu. Die Nudeln und den Brokkoli in ein Sieb schütten, beides mit kaltem Wasser abspülen und gut abtropfen lassen.

Nimm die getrockneten Tomaten aus dem Öl, lass sie abtropfen und schneide sie in Stücke.

Das Dressing: Schneide das Hühnchenfleisch in Scheiben. Gib alle Zutaten in eine verschließbare Schüssel (das Dressing, das Hühnchen, die getrockneten Tomaten, die Nudeln und den Brokkoli). Verschließe die Schüssel mit dem Deckel und schüttle alles gut durch.

Nun musst du nur noch daran denken, Gabeln mitzunehmen!

Die Farfalle sehen aus wie Bikinioberteile, hihi.

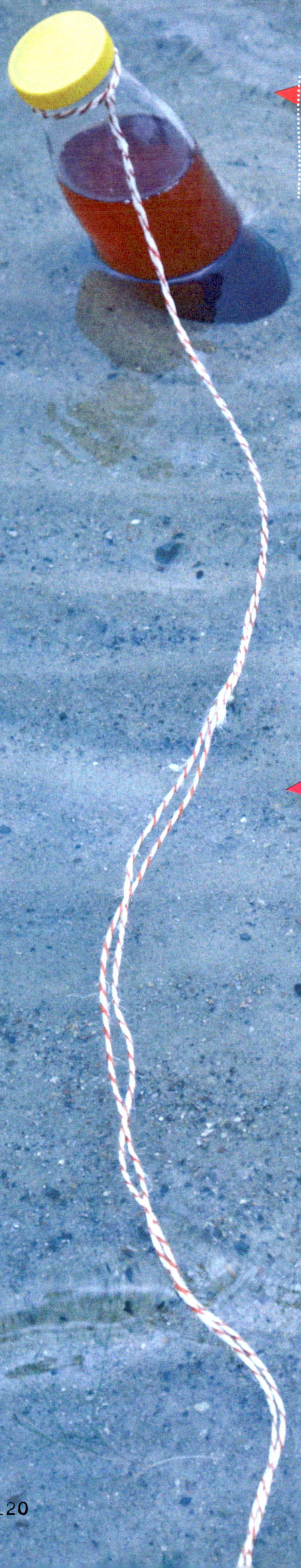

Rhabarber-Himbeer-Limonade

Für 3 ½ Liter
Zubereitungszeit: 45 Minuten
und 1 Tag zum Ziehen,
also wichtig: 1 Tag vorher zubereiten!

Durch die Weinsteinsäure britzelt die Limo schön.

3 Stangen Rhabarber
150 g Himbeeren
300 g Zucker
1 TL Weinsteinsäure (bekommst du in der Apotheke)

5 Plastikflaschen mit Schraubverschluss je ¾ l Inhalt

So geht's: Schneide den Rhabarber in Stücke. Wasch die Himbeeren und lass sie gut abtropfen. Fülle den Zucker, den Rhabarber, die Himbeeren, 3 l Wasser und die Weinsteinsäure in einen Topf und lass alles aufkochen. Dann den Topf kalt stellen und abgedeckt 1 Tag ziehen lassen.
Dann gießt du die Limo durch ein Sieb und füllst sie mit einem Trichter in Flaschen ab. Die Flaschen in den Kühlschrank stellen, dort hält die Limonade etwa 2 Wochen. Aber du kannst natürlich auch einige Flaschen mit ins Freibad nehmen.

Freibad-Wraps mit Schafskäse und Salat

Für 4 Portionen
Zubereitungszeit: 25 Minuten

150 g Schafskäse
1 kleiner Radicchio
3 Blätter Eisbergsalat
2 Tomaten
4 Tortilla-Wrap-Fladen
(gibt es im Supermarkt)
50 g Frischkäse
Salz, Pfeffer

Erst das Schnippeln: Schneide den Schafskäse in lange Stifte. Wasch den Radicchio kurz in lauwarmem Wasser (dann verliert er die Bitterstoffe). Lass ihn gut abtropfen und schneide ihn in Streifen. Den Eisbergsalat in kaltem Wasser waschen (in warmem Wasser macht er schnell schlapp) und ebenfalls in Streifen schneiden. Die Tomaten in Scheiben schneiden.
Nun das Einrollen: Du bestreichst die Tortilla-Wraps auf einer Seite mit dem Frischkäse und belegst sie mit Tomaten, Schafskäse und beiden Salaten. Nun streue noch etwas Salz und Pfeffer darauf. Rolle dann die Wraps fest zusammen und wickle sie in Frischhaltefolie oder Butterbrotpapier. Halbiere sie in der Mitte und nimm sie in 2 verschließbaren Dosen mit.

Kalter Schokoladen-Milchreis mit Kirschen

Für 4–6 Portionen
Zubereitungszeit: 1 Stunde
(den Milchreis kannst du schon am Tag zuvor machen)

½ l Milch
100 g Milchreis
1 Prise Salz
60 g Zartbitterschokolade
4 EL Zucker
1 TL Zimt
350 g Kirschen

Erst der Milchreis: Die Milch in einem Topf aufkochen. Gib nun den Milchreis und das Salz dazu. Den Topf mit einem Deckel zudecken und den Milchreis bei milder Hitze 20 Minuten kochen. Rühre ihn dabei immer wieder um, denn er brennt leicht am Boden an. Brich die Schokolade in Stücke. Wenn der Milchreis fertig gegart ist, rühre die Schokoladenstücke, den Zucker und den Zimt darunter (die Schokolade schmilzt von ganz allein). Lass nun den Milchreis abkühlen.
Nun noch die Kirschen: Währenddessen halbiere die Kirschen und entferne die Kerne. Den Milchreis und die Kirschen verpackst du in eine verschließbare Dose und nimmst sie mit ins Freibad.

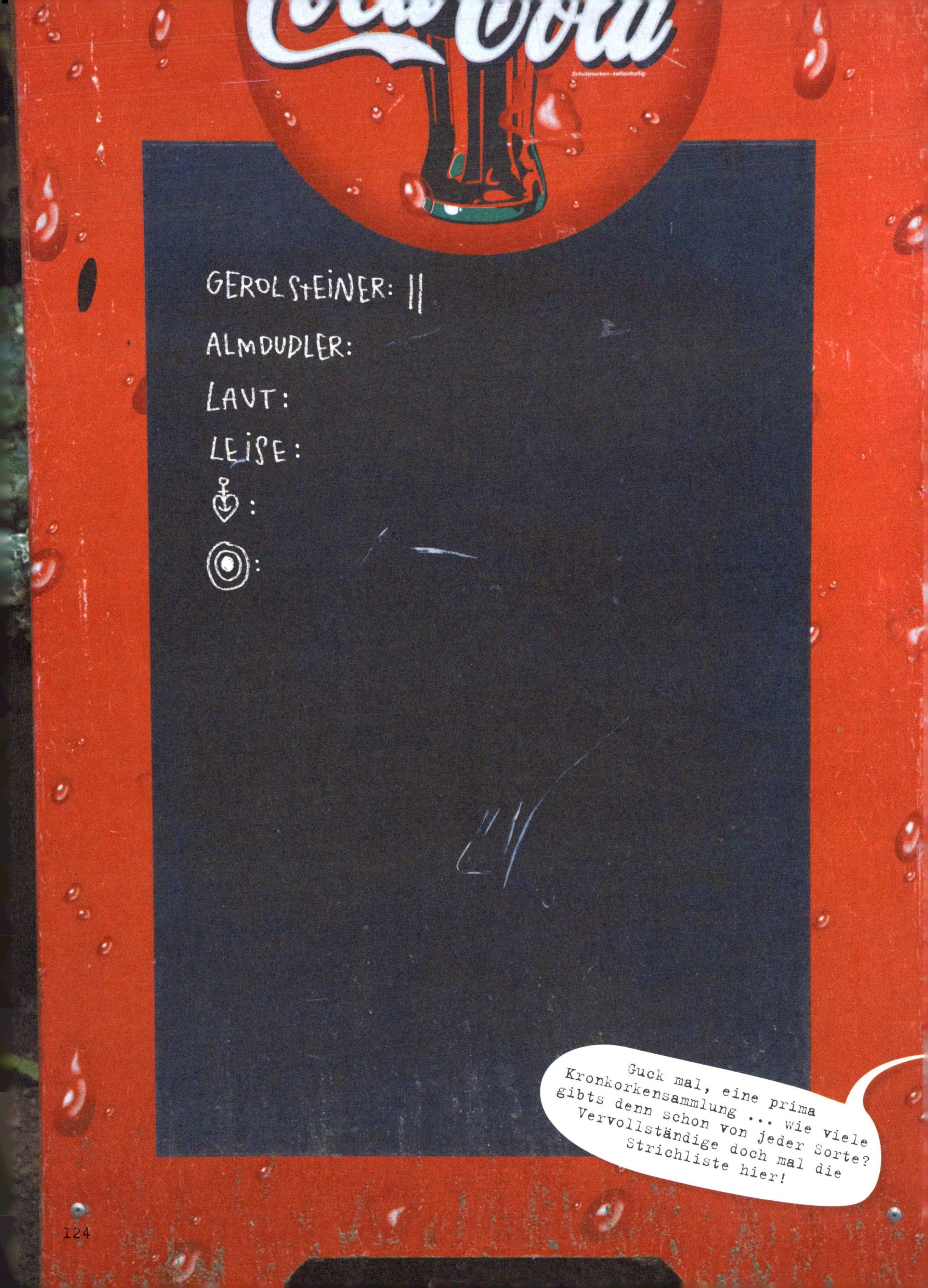

Guck mal, eine prima Kronkorkensammlung ... wie viele gibts denn schon von jeder Sorte? Vervollständige doch mal die Strichliste hier!

LEISE
LAUT
Almdudler
GEROLSTEINER
Heineken
Beer
CRODINO
CHIMAY
Trappist
GINGER
LIME
Schöfferhofer
BECKS
HAMBURG
TWIST OFF ONLY

Obst mit Nutella zum Stippen

Für 4–6 Portionen
Zubereitungszeit: 15 Minuten

- 150 g Nutella
- 250 g Erdbeeren
- 1 Nektarine
- 2 Bananen
- 200 g Physalis

So geht's: Du füllst die Nutella in eine kleine verschließbare Dose. Wasche die Erdbeeren. Schneide die Nektarine in Spalten. Schäle die Bananen und schneide sie in Stücke. Fülle das Obst in eine zweite Dose und nimm sie mit ins Freibad.

Avocado-Dip kommt aus Mexiko und heißt dort „Guacamole". Durch den Zitronensaft bekommt der Dip eine schön-würzige Säure, und der Zitronensaft bewirkt auch, dass die Avocados grün bleiben.

Tortillachips mit Avocado-Dip

Für 4 – 6 Portionen
Zubereitungszeit: etwa 25 Minuten

- 1 kleine Knoblauchzehe
- 2 EL Zitronensaft
- 2 weiche Avocados
- 2 EL Crème fraîche
- Salz, Pfeffer
- 1 Tüte Tortillachips

So geht's: Schäle den Knoblauch und drück ihn durch eine Knoblauchpresse. Presse dann den Saft von 2 Zitronen aus. Die Avocados halbieren, die Kerne herauslösen und das Fruchtfleisch mit einem Löffel aus der Schale kratzen. Fülle es in ein hohes Gefäß (z. B. einen Messbecher) und vermische es sofort mit dem Zitronensaft (sonst wird die Avocado braun und sieht nicht mehr so lecker aus). Gib dann den Knoblauch, die Crème fraîche, Salz und Pfeffer dazu und püriere alles fein mit einem Mixstab. Den Dip verpackst du dann gut in eine verschließbare Dose und nimmst ihn mit einer Tüte Tortillachips mit.

Reissalat mit Paprika, Oliven und Mais

Für 4 Portionen
Zubereitungszeit: 1 Stunde

- 125 g Langkornreis
- Salz
- 1 rote und 1 gelbe Paprika
- 100 g schwarze Oliven ohne Stein
- 200 g Kidneybohnen aus der Dose
- 1 Dose Mais (285 g)
- 3 EL Olivenöl
- 3 EL Zitronensaft
- 2 EL Orangensaft
- 1 TL milder Senf
- Pfeffer

Erst der Reis: Schütte den Reis in einen Topf, fülle den Topf mit Wasser und gib 1 TL Salz dazu. Koche dann den Reis bei mittlerer Hitze 20 Minuten.

Nun das Schnippeln: Halbiere die Paprikaschoten, entkerne sie und schneide sie in Würfel. Die Oliven in einem Sieb abtropfen lassen und halbieren. Auch den Mais und die Kidneybohnen gut abtropfen lassen.

Das Dressing: Verrühre Olivenöl, Zitronensaft, Orangensaft, Senf, Salz und Pfeffer gut mit einem Schneebesen.

Und nun wird ein Salat daraus: Wenn der Reis gar gekocht ist, gieß ihn in ein Sieb und spül ihn mit kaltem Wasser ab. Dann vermischst du alle Zutaten in einer verschließbaren Dose und schüttelst alles einmal kräftig durch.

Astrid Lindgren
Ferien auf Saltkrokan

Rund um die Welt

Süsskartoffel-Curry mit Chapiti Seite 132
Zweierlei Sushi Seite 134
Frühlingsrollen Seite 136
Paella mit Huhn und Scampis Seite 138
Blinis mit Linsen und Lachs Seite 140
Couscous mit Huhn und Kichererbsen Seite 142
Hühnercurry in Erdnusssauce mit Fufu Seite 144
Fish 'n' Chips Seite 146
American Burger Seite 148
Quesadilla mit Avocado, Kidneybohnen und Paprika Seite 150

Indien

Süsskartoffel-Curry mit Chapati

Für 4–6 Portionen
Zubereitungszeit: 1 Stunde

- 250 g Weizen-Vollkornmehl
- 50 g Vollmilchjoghurt
- 100 ml Wasser
- 350 g Süßkartoffeln
- 2 Zwiebeln
- 2 rote Paprika
- 1 kleiner Kopf Brokkoli
- 4 EL Butterschmalz
- 200 ml Kokosmilch
- 200 ml Gemüsebrühe (200 ml Wasser und 1 TL Gemüsebrühepulver)
- 2 TL Currypulver
- 100 g geröstete, gesalzene Erdnüsse

Erst der Chapati-Teig: Du füllst das Mehl, den Joghurt und das Wasser in eine Schüssel. Den Teig gut mit den Händen verkneten und 30 Minuten ruhen lassen. Den Backofen auf 100 Grad (Umluft 80 Grad) vorheizen.

Inzwischen kannst du das Curry zubereiten: Schäle die Süßkartoffeln und schneide sie in kleine Stücke. Schäle die Zwiebeln und schneide sie in kleine Würfel. Die Paprika halbieren, die Kerne herausschneiden und würfeln. Schneide den Brokkoli in kleine Röschen. Schäle den Brokkolistrunk mit einem Messer ab und schneide den geschälten Strunk in Scheiben.

2 EL Butterschmalz in einem großen Topf erhitzen. Dünste die Zwiebeln, die Paprika und die Süßkartoffeln darin an. Gib die Kokosmilch und die Brühe dazu und lass alles auf dem Herd zugedeckt 20 Minuten köcheln. Nun die Brokkoliröschen und -strunkscheiben, Curry und Erdnüsse dazugeben und das Curry weitere 5 Minuten kochen. Zieh den Topf von der Herdplatte.

Jetzt das Backen der Chapatis: Teile den Teig in 8 Stücke und rolle 8 Kugeln daraus. Rolle alle Kugeln mit einem Nudelholz einzeln nacheinander etwa 10 cm groß aus. Erhitze eine kleine Pfanne und pinsle sie mit etwas Butterschmalz ein. Jetzt legst du einen ausgerollten Teig hinein und backst ihn von beiden Seiten 3 Minuten. Setze den fertigen Chapati auf einen Teller und stelle ihn in den vorgeheizten Backofen. Backe einen Chapati nach dem anderen von beiden Seiten und pinsle dabei die Pfanne immer wieder mit etwas Butterschmalz ein. Wenn die Chapatis fertig sind, erhitze das Curry nochmals und serviere es deinen Freunden oder deiner Familie mit den Chapatis.

Astha
aus Indien,
10 Jahre

Japan
Zweierlei Sushi

Dieses Rezept ist etwas schwieriger, am besten lässt du dir von einem Erwachsenen helfen.

FÜR DEN REIS (entweder Lachs-Maki oder Inside-out-Rolls):
250 g Sushi-Reis*
½ TL Salz
2 EL Reisessig*

FÜR DIE LACHS-MAKI:
200 g Lachsfilet ohne Haut und Gräten (das lässt du am besten beim Fischhändler machen)
1 Karotte
¼ Gurke
1 rote Paprika
1 feste Avocado
1 EL Zitronensaft
4 Noriblätter*
8 EL Sojasauce*
30 g eingelegter Ingwer*

FÜR DIE VEGETARISCHEN INSIDE-OUT-ROLLS:
1 Karotte
¼ Gurke
1 rote Paprika
1 feste Avocado
1 EL Zitronensaft
4 Noriblätter*
3–4 EL gerösteter Sesam
8 EL Sojasauce*
30 g eingelegter Ingwer*

Sushimatte*
Essstäbchen*

Die Zutaten, die mit
nem * gekennzeichnet sind,
bekommst du in der Asia-
Abteilung im Supermarkt.

Erst der Reis: Füll den Reis in ein Sieb und spül ihn mit kaltem Wasser ab. Gib ihn dann mit 300 ml Wasser und dem Salz in einen Topf und lass den Reis 5 Minuten kochen. Vom Herd nehmen und 10 Minuten quellen lassen. Füge jetzt mit einem Holzlöffel den Reisessig hinzu. Rühre den Reis mehrmals um und lass ihn abkühlen. Dieses Rezept Sushi-Reis reicht entweder für die Lachs-Maki oder für die vegetarischen Inside-Out-Rolls.

Für die Lachs-Maki: Schneide den Fisch in fingerdicke Streifen. Die Karotte schälen und auch in fingerdicke, lange Streifen schneiden. Die Gurke in lange fingerdicke Streifen schneiden. Halbiere die Paprika, entferne die Kerne und schneide sie in dünne Streifen. Schäle die Avocado, halbiere sie und löse den Stein heraus. Dann schneidest du die Avocado in Streifen und beträufelst sie mit dem Zitronensaft (sie wird sonst braun). Teile das Gemüse gerecht in 4 Portionen für die 4 Rollen. Breite 1 Sushimatte auf einer Arbeitsfläche aus und leg 1 Noriblatt darauf. Drücke ¼ von dem Reis mit feuchten Händen auf das Noriblatt und verteile den Reis gleichmäßig (am besten stellst du dir eine kleine Schüssel mit kaltem Wasser hin, sodass du dir die Hände immer wieder feucht machen kannst). In die Mitte die Paprika-, Avocado-, Lachs- und Karottenstreifen legen. Dabei sollten alle Streifen ordentlich in dieselbe Richtung zeigen! Nun rollst du das Blatt auf und verklebst die Enden mit feuchten Fingern. Das wiederholst du mit 3 weiteren Noriblättern, sodass du zum Schluss 4 Rollen hast. Schneide die Rollen mit einem scharfen Messer in 4 cm große Stücke. Alles wird mit Sojasauce und eingelegtem Ingwer serviert und am besten mit Stäbchen gegessen.

Für die vegetarischen Inside-out-Rolls: Bereite das Gemüse wie bei den Lachs-Maki zu. Schneide jetzt 4 Stücke Frischhaltefolie, etwa 20 x 20 cm groß. Darauf verteilst du den Reis und drückst ihn mit feuchten Händen platt (am besten stellst du dir eine kleine Schüssel mit kaltem Wasser hin, sodass du dir die Hände immer wieder feucht machen kannst). Nun setzt du die Noriblätter darauf und drückst sie mit feuchten Händen an. Verteile das Gemüse längs in der Mitte der Blätter. Rolle sie nacheinander fest auf und schneide die Rollen mit einem scharfen Messer in etwa 4 cm große Stücke. Die Stücke in Sesam wenden. Das Ganze servierst du mit Sojasauce und eingelegtem Ingwer.

Für 4–6 Portionen
Zubereitungszeit: 2 Stunden

Andrew
aus Japan
7 Jahre

Für 4–6 Portionen
Zubereitungszeit: 1 Stunde

2 Frühlingszwiebeln
1 Dose Bambusstreifen (aus der Asia-Abteilung im Supermarkt)
300 g Karotten
100 g frische Sprossen (z. B. Sojasprossen)
1 Paket Strudelteig (z. B. von Tante Fanny)
3 EL Sonnenblumenöl
4 EL süß-saure Sauce (aus der Asia-Abteilung im Supermarkt)

Küchenpapier

So geht's: Schneide die Frühlingszwiebeln in feine Ringe. Lass die Bambusstreifen in einem Sieb gut abtropfen. Die Karotten schälen und in dünne Streifen schneiden. Die Sprossen mit kaltem Wasser abspülen und mit dem anderen Gemüse vermischen. Jetzt schneidest du den Strudelteig in 12 große Stücke (25 x 25 cm) und verteilst das Gemüse auf die Teigstücke. Schlag alle Rollen wie Päckchen ein. Schau dir auf dem Foto an, wie die Frühlingsrollen gewickelt sind.
Das Öl in einer Pfanne erhitzen und die Frühlingsrollen rundherum 8 Minuten bei mittlerer Hitze braten. Nimm sie heraus, lass sie auf Küchenpapier abtropfen und serviere sie mit der süß-sauren Sauce.

Ying Ying
aus China
8 Jahre

China

Frühlingsrollen

Safran ist eine Krokusart (ja richtig die Blume!), und die Safranfäden sind die Blütenstempel der Blume. Safran ist ein wichtiges Gewürz in der Paella, es färbt den Reis gelb und hat einen tollen Geschmack. Man benötigt nur ganz wenig, deswegen ist die Mengenangabe im Rezept in Fäden.

Spanien

Paella mit Huhn

Wenn du keine große Paella-Pfanne mit Deckel hast, kannst du auch eine große feuerfeste Form nehmen und sie mit Alufolie abdecken.

Für 4–6 Kinder
Zubereitungszeit:
2 Stunden

1 Zwiebel
2 Knoblauchzehen
1 rote und 1 gelbe Paprika
2 Zucchini
3 Tomaten
6 Hühneroberkeulen (am besten so beim Metzger kaufen)
3 TL mildes Paprikapulver
5 EL Sonnenblumenöl
Salz, Pfeffer
2 TL Hühnerbrühepulver
300 g Paella-Reis (aus dem Supermarkt)
100 g schwarze Oliven ohne Stein
4 Safranfäden (aus der Gewürzabteilung im Supermarkt)
100 g tiefgefrorene Garnelen (aus ökologischer Aquakultur)
3 EL Zitronensaft

Erst das Schnippeln: Zwiebel und Knoblauchzehen schälen und fein hacken. Die Paprikaschoten halbieren, entkernen und in fingergroße Würfel schneiden. Viertle die Zucchini und schneide sie in Stücke. Halbiere die Tomaten, schneide den Strunk heraus und würfle sie fein.
Hühnchenkeulen anbraten: Du reibst die Hühnerkeulen mit 2 TL Paprikapulver ein. 2 EL Öl in einer großen Pfanne erhitzen und das Fleisch rundherum anbraten. Alles mit Salz und Pfeffer würzen.
Die Brühe: In einem Topf erhitzt du 1 Liter Wasser mit dem Hühnerbrühepulver.
Nun das Gemüse: Erhitze 3 EL Öl in einer großen Pfanne, schwitze darin die Zwiebel- und Paprikawürfel, die Zucchinistücke und den gehackten Knoblauch an. Dann den Paella-Reis dazugeben. Die Pfanne mit der Hühnerbrühe und den gewürfelten Tomaten auffüllen. Gib die Hühnchenkeulen, die Oliven, die Safranfäden und die Garnelen dazu. Den Reis mit Salz, Pfeffer und 1 TL Paprikapulver würzen und alles gut umrühren. Decke die Pfanne mit dem Deckel ab.
Nun in den Ofen: Den Backofen auf 200 Grad (Umluft 180 Grad) vorheizen. Dann schiebst du die Pfanne in den Ofen und lässt sie im Ofen 20 Minuten backen. Nimm die Paella (mit Backhandschuhen!) aus dem Ofen und beträufel sie mit dem Zitronensaft.

Elisa
aus Spanien,
8 Jahre

Russland ist zu 25 Prozent Europa und zu 75 Prozent Asien. Dies ist also ein „Zwei-Kontinente“-Rezept!

Russland:

Blinis mit schwarzen Linsen und Räucherlachs

Für 4–6 Kinder
Zubereitungszeit: 2 Stunden

250 g Buchweizenmehl
350 ml Mineralwasser
½ TL Salz
150 g Belugalinsen (im Bioladen oder Reformhaus)
3 EL Sonnenblumenol
½ Bund Schnittlauch
1 EL Olivenöl
1 TL geriebener Sahne-Meerrettich (aus dem Glas)
Pfeffer
2 EL Zitronensaft
100 g Schmand (Crème fraîche)
100 g Räucherlachs in dünnen Scheiben

So geht der Teig: Verrühre das Buchweizenmehl, das Mineralwasser und das Salz mit einem Schneebesen und lass den Teig 30 Minuten quellen.
Inzwischen die Linsen kochen: Gib die Linsen in einen Topf mit 2 Liter Wasser und koche sie zugedeckt 25 Minuten bei mittlerer Hitze.
Die Blinis backen: Erhitze das Sonnenblumenöl in einer großen Pfanne, der Teig reicht für 12 Blinis. Fülle für 1 Blini jeweils 1 großen EL voll Teig in die Pfanne, 3 Minuten auf jeder Seite backen. Lege ein Küchenpapier auf einen großen Teller und setze alle fertig gebackenen Blinis zum Abtropfen darauf.
Nun kommt der Clou: Den Schnittlauch in feine Röllchen schneiden. Gieß die Linsen in ein Sieb und vermische sie mit Olivenöl, Meerrettich, Salz, Pfeffer und Zitronensaft. Dann verteilst du die Linsen mit je einem Klecks Schmand, dem Räucherlachs und den Schnittlauchröllchen auf den Blinis. (Wenn du keinen Räucherlachs magst, das Rezept schmeckt auch ohne den Lachs.)

Leonie
und Tobias
aus Russland,
8 und 6 Jahre

Hadi
aus Marokko,
Nordafrika
5 Jahre

Für 4–6 Portionen
Zubereitungszeit: 1 Stunde

2 mittelgroße Karotten
1 Zwiebel
2 Zweige frische Minze
1 Glas oder 1 Dose Kichererbsen (etwa 200 g)
2 Hähnchenbrustfilets ohne Haut
1 TL Paprikapulver
4 EL Olivenöl
400 ml Hühnerbrühe (400 ml Wasser plus 1 TL Hühnerbrühepulver)
200 g Couscous (aus dem Supermarkt)
2 EL Sesampaste (auch Tahine genannt, erhältlich im Bioladen oder Reformhaus)
2 TL Curry
Salz, Pfeffer
2 EL Zitronensaft

Als erstes das Schnippeln: Schäle die Karotten und schneide sie in Scheiben. Schäle die Zwiebel und schneide sie in kleine Würfel. Die Minzblätter abzupfen und in Streifen schneiden. Gieße die Kichererbsen in ein Sieb und spüle sie mit kaltem Wasser ab.
Das Hähnchen braten: Schneide dann die Hähnchenfilets in Streifen und vermische sie mit dem Paprikapulver. Erhitze nun 2 EL Öl in einer Pfanne und brate die Hähnchenbruststreifen 5 Minuten an, wende sie dabei immer wieder.
Nun wird es ein Couscous: 2 EL Olivenöl in einem Topf erhitzen und die Zwiebeln mit den Karotten anbraten. Dann fügst du die Hühnerbrühe hinzu (das Hühnerbrühepulver im kochenden Wasser auflösen) und lässt das Gemüse zugedeckt 8 Minuten kochen. Couscous, Kichererbsen, Sesampaste, Hähnchenbruststreifen, die Minze und das Currypulver hinzufügen. Würze dann alles mit Salz, Pfeffer und Zitronensaft und freu dich über das leckere Gericht mit deinen Freunden.

Nordafrika:

Couscous mit Gemüse, Huhn und Kicherebsen

Für 4–6 Portionen
Zubereitungszeit:
1 Stunde 30 Minuten

FÜR DAS FUFU:
500 g Süßkartoffeln
½ TL Salz
1 EL Olivenöl
50 g gemahlene Mandeln
Pfeffer

FÜR DAS HÜHNERCURRY:
2 Zwiebeln
2 Knoblauchzehen
500 g Hühnerbrüste ohne Haut
4 EL Erdnussöl
(oder Sonnenblumenöl)
2 TL Currypulver
3 EL Erdnussbutter
300 ml Hühnerbrühe (300 ml Wasser und 1 TL Hühnerbrühepulver)
100 ml Sahne
100 g Zuckerschoten
75 g gesalzene Erdnüsse

Erst das Fufu: Schäl die Süßkartoffeln, schneide sie in etwa 3 cm große Stücke und gib sie in einen Topf. Fülle den Topf mit Wasser auf und gib das Salz dazu. Koche nun die Süßkartoffeln bei mittlerer Hitze 20 Minuten. Danach die Süßkartoffeln über einem Sieb abgießen und zurück in den Topf geben. Stampfe die Süßkartoffeln mit einem Kartoffelstampfer zu Püree. Füge jetzt das Olivenöl, die Mandeln und den Pfeffer hinzu, eventuell nachsalzen. Wenn die Kartoffeln handwarm sind, rollst du sie zu Bällchen und setzt sie auf ein Backblech. Stell den Backofen auf 75 Grad (Umluft 60 Grad) und halte sie dort warm, bis das Hühnercurry fertig ist.

Nun das Hühnercurry: Du schälst die Zwiebeln und schneidest sie in feine Ringe. Schäle den Knoblauch und schneide ihn in Scheiben. Das Hühnchenfleisch in Streifen schneiden. Erhitze nun 2 EL Erdnussöl in einer Pfanne und brate die Hühnchenstreifen 5 Minuten rundherum an. Würze sie mit 1 TL Curry, Salz und Pfeffer. Dann nimmst du das Fleisch aus der Pfanne und legst es auf einen Teller. In derselben Pfanne erhitzt du nochmals 2 EL Erdnussöl und brätst die Zwiebeln und den Knoblauch an. Dann die Erdnussbutter, die Brühe (das Hühnerbrühepulver im kochenden Wasser auflösen) und die Sahne hinzufügen und alles ohne Deckel 5 Minuten kochen lassen.

Zum Schluss gibst du das gebratene Hühnchenfleisch, die Zuckerschoten und die Erdnüsse hinzu und würzt alles mit Salz, Pfeffer und 1 TL Curry.

Genieße das Curry mit den Fufubällchen mit deinen Freunden.

Nene
aus Westafrika,
8 Jahre

Falls du Fufu nicht magst, kannst du auch Reis dazu kochen.

Westafrika:
Hühnercurry in Erdnuss-Sauce mit Fufu

Für 4–6 Portionen
Zubereitungszeit: 1 Stunde 30 Minuten

1 Zitrone
150 g Vollmilchjoghurt
100 g Mayonnaise
Salz
1 Messerspitze Paprikapulver für den Dip und 2 TL für die Kartoffelspalten
700 g große Kartoffeln
3 EL Olivenöl
650 g Fischfilet ohne Haut (z. B. Zander)
2 mittelgroße Eier
150 g Semmelbröselmehl (das heißt auch Paniermehl)
3 EL Sonnenblumenöl

Fish 'n' Chips ist die Kurzform von Fish and Chips, das ist Englisch und heißt übersetzt „Fisch und Pommes frites“. Fish 'n' Chips ist in Australien und Neuseeland sehr beliebt, aber eigentlich stammt das Gericht ursprünglich aus England und wurde von englischen Einwanderern mitgebracht.

Bent
aus Australien,
7 Jahre

Erst die Mayonnaise: Presse den Saft von einer Zitrone mit einer Zitronenpresse aus. Vermische Joghurt, Mayonnaise, etwas Salz, 1 Messerspitze Paprikapulver und 1 EL Zitronensaft (den restlichen Zitronensaft träufelst du später über den Fisch, wenn er fertig gebraten ist) und verrühre den Dip gut.

Dann die Kartoffelspalten: Den Backofen auf 200 Grad (Umluft 180 Grad) vorheizen. Schäle die Kartoffeln, spüle sie mit kaltem Wasser ab und schneide sie in Spalten. Nun vermengst du sie mit dem Paprikapulver, dem Salz und dem Olivenöl in einer Schüssel. Ein Backblech mit Backpapier auslegen und die Kartoffelspalten darauf verteilen. Backe die Kartoffeln 20 Minuten.

Nun der panierte Fisch: Du schneidest das Fischfilet in dicke Streifen und würzt sie mit etwas Salz. Verquirle nun 2 Eier in einem tiefen Teller (das geht am besten mit einer Gabel). Gib das Semmelbröselmehl in einen zweiten tiefen Teller. Nun ziehst du die Streifen erst durch das verquirlte Ei, danach durch das Semmelbröselmehl und drückst es gut an.

Erhitze das Öl in einer Pfanne und brate die Fischstücke rundherum an.

Nimm die Fischstücke aus der Pfanne und servier sie mit den Kartoffelspalten (Chips). Träufle allen Kindern etwas Zitronensaft über den Fisch.

Australien & Neuseeland

Fish 'n' Chips

Charlotte
aus USA,
8 Jahre

Für 4 Burger
Zubereitungszeit: 1 Stunde

2 Tomaten
1 gelbe Paprika
8 Blätter Salat (Römersalat oder welchen du magst)
400 g gemischtes Hackfleisch (möglichst Bioqualität)
4 EL Semmelbröselmehl (Paniermehl)
1 mittelgroßes Ei
¼ TL Salz, Pfeffer
½ TL mildes Paprikapulver
3 EL Sonnenblumenöl
4 Burger-Brötchen (oder die Brötchen/ Vollkornbrötchen, die du magst)
4 EL Ketchup

Erst das Schnippeln: Schneide als Erstes die Tomaten in Scheiben. Die Paprika halbieren, entkernen und in Streifen schneiden. Zupfe den Salat in mundgerechte Stücke und wasche ihn mit kaltem Wasser ab.

Nun die Hackfrikadellen: Du vermischst das Hackfleisch, das Semmelbröselmehl, das Ei, Salz, Pfeffer und Paprikapulver. Daraus formst du 4 runde, flache Frikadellen (ungefähr so groß wie die Brötchen). Erhitze nun das Öl in der Pfanne und brate die Frikadellen von jeder Seite 4 Minuten. Die Brötchen halbieren und im Toaster anrösten. Verteile dann den Salat, die Tomaten, die Gurkenscheiben, das Ketchup und die Frikadellen auf die Brötchen. Lecker!!

Nordamerika:

American Burger

Quesadilla ist eine typische mexikanische Speise und heißt auf Deutsch übersetzt „Käse-Tortilla".

Südamerika:

Quesadilla mit Avocado, Kidneybohnen und Paprika

Für 4–6 Portionen
Zubereitungszeit: 1 Stunde

1 rote und 1 gelbe Paprika
1 Knoblauchzehe
1 Tomate
1 Dose Kidneybohnen
1 weiche Avocado
1 EL Zitronensaft
Salz, Pfeffer
4 Tortillabrote (gibt's im Supermarkt)
150 g geriebener Käse (z. B. Emmentaler)

Erst schnippeln wir: Halbiere die Paprikas, löse die Kerne heraus und würfle sie fein. Schäle den Knoblauch und hacke ihn fein. Die Tomate halbieren, den Strunk herausschneiden und fein würfeln.
Die Kidneybohnen in ein Sieb gießen und mit kaltem Wasser abspülen. Halbiere die Avocado und löse den Stein heraus. Kratze das Fruchtfleisch mit einem Löffel heraus und zerdrücke es mit dem Zitronensaft in einer kleinen Schale mit einer Gabel.
Vermische nun die Paprika- und Tomatenwürfel, die zerdrückte Avocado, den gehackten Knoblauch, das Salz und den Pfeffer.
Nun Backen: Lege ein Backblech mit Backpapier aus und heize den Backofen auf 200 Grad (Umluft 180 Grad) vor. Darauf legst du 2 Tortillabrote. Verteile auf die Tortillabrote die Gemüsefüllung und die Hälfte des geriebenen Käses. Danach setzt du 2 weitere Tortillabrote als Deckel darauf und verteilst den restlichen geriebenen Käse darüber. Schiebe nun das Blech in den Ofen und backe die Tortillas 15 Minuten. Nimm sie dann heraus, schneide sie in Stücke und ruf „Olé"!!!

Angelina
aus Südamerika,
7 Jahre

Gebackene Kürbisspalten mit Mandeldip Seite 154

Kürbissuppe mit Orangensaft und Schnittlauch Seite 156

Geröstete Maronen mit Dips Seite 159

Gebackene Birne im Schlafrock Seite 162

Holunder-Orangenpunsch Seite 165

Geschnetzeltes mit Pilzen und Spätzle Seite 169

Rote Bete-Karotten-Salat Seite 171

Apple Pie mit Blättern Seite 172

GEBACKENE Kürbisspalten mit Mandeldip

Für 4–6 Portionen
Zubereitungszeit: 1 Stunde, davon 25 Minuten Backzeit

- 1 großer Hokkaido-Kürbis (etwa 1,4 kg) (toll: die Schale kannst du hier mitessen)
- 5 EL Olivenöl
- 1 TL mildes Paprikapulver
- Salz, Pfeffer
- 100 g Vollmilchjoghurt
- 100 g Speisequark
- 2 EL Mandelmus (aus dem Bioladen oder Reformhaus)
- 50 g gehackte Mandeln
- 2 EL Zitronensaft

Die gebackenen Kürbisspalten: Heize als Erstes den Backofen auf 180 Grad vor. Nun viertelst du den Kürbis (am besten lässt du dir von einem Erwachsenen helfen, denn die Kürbisschale ist sehr hart und schwierig zu durchschneiden). Löse die Kerne mit einem Löffel heraus und schneide die Viertel in dünne Spalten. Die Spalten mit 4 EL Olivenöl, dem Paprikapulver, Salz und Pfeffer vermischen (das geht am besten mit den Händen). Nun fettest du ein Backblech mit 1 EL Öl und verteilst die Kürbisspalten darauf. Das Blech in den heißen Ofen schieben und die Kürbisspalten 25 Minuten backen.

Jetzt der Dip: Solange die Küribsspalten im Ofen sind, kannst du den Dip zubereiten. Du füllst Joghurt, Quark, Mandelmus, Mandeln, Zitronensaft, Salz und Pfeffer in eine Schüssel. Alles gut mit einem Schneebesen verrühren. Nun nimmst du die Kürbisspalten (mit Backhandschuhen!) aus dem Ofen und isst sie mit deinen Freunden mit dem leckeren Mandeldip.

Butternut-Kürbis ist schön weich und lässt sich gut schneiden. Er eignet sich deshalb sehr gut für dich, denn bei anderen Kürbissorten ist das Schneiden etwas mühsam.

Kürbissuppe mit Orangensaft und Schnittlauch

Für 4–6 Portionen
Zubereitungszeit: 1 Stunde

500 g Butternut-Kürbis
1 Zwiebel
2 EL Olivenöl
¼ l Orangensaft
800 ml Wasser
½ TL Salz
2 TL Gemüsebrühepulver
½ Bund Schnittlauch
50 g Schmand (Crème fraîche)
2 EL Sahne

So geht´s: Du halbierst den Kürbis, schälst ihn und schneidest die Kerne heraus. Dann schneidest du das Kürbisfleisch in kleine Stücke. Schäle die Zwiebel und schneide sie in Würfel. Das Öl in einem Topf erhitzen und die Zwiebeln mit den Kürbiswürfeln kurz darin anschwitzen. Dann gib Orangensaft, Wasser, Salz und Gemüsebrühepulver in den Topf und decke ihn mit einem Deckel zu. Nun lässt du die Suppe zugedeckt bei mittlerer Hitze 25 Minuten kochen. Schneide den Schnittlauch in feine Röllchen. Verrühre den Schmand mit der Sahne. Wenn die Suppe fertig gekocht ist, pürierst du sie mit einem Pürierstab. Achtung, dabei kannst du dich leicht verbrennen, also gut aufpassen, dass die Suppe nicht herausspritzt (das geht gut, wenn du den Pürierstab etwas tiefer in die Suppe hältst). Verteile die Suppe auf Suppenschalen und zeichne mit dem Sahneschmand mithilfe eines Löffels je ein Gesicht in die Suppe. Streue als Haare etwas Schnittlauch darüber.

HAGEBUTTENGELEE
SCHOKOSAUCE
VANILLESAUCE

Geröstete Maronen

Für 4–6 Portionen
Zubereitungszeit: 40 Minuten,
davon 15 Minuten Backzeit

500 g Maronen (Esskastanien)
50 ml Vanillesauce
100 g Apfelmus
50 g Hagebuttengelee
(oder ein anderes Gelee)
50 ml Schokoladensauce

Erst röstest du die Maronen: Schneide die Maronen kreuzweise auf jeder Seite mit einem Messer ein, verteile sie auf ein Blech und schiebe sie für 15 Minuten in den 200 Grad (Umluft 180 Grad) heißen Ofen. Die Schalen platzen auf. Nimm das Blech (mit Backhandschuhen!) aus dem Ofen und lass die Maronen etwas abkühlen. Löse sie dann aus den Schalen, das geht gut mit einem kleinen Messer.
Nun die Dips dazu: Du kannst die Vanillesauce, das Apfelmus, das Hagebuttengelee und die Schokosauce in verschiedene Schalen füllen, die Maronen hineinstippen und aufessen. Dazu schmeckt wunderbar ein Glas Milch.

gib uns bitte einen Namen!
(...und bastele gern noch ein paar neue Freunde)

Erst der Mürbeteig: Schneide die Butter in Würfel. Die Butterwürfel, das Mehl, 75 g Zucker und ein Ei in eine Schüssel geben und die Zutaten mit den Knethaken des Handrührgerätes zu einem festen Teig verkneten. Wickle dann den Teig in Frischhaltefolie und leg ihn für 30 Minuten in den Kühlschrank.

Inzwischen die Birnen und die Füllung: Schäle die Birnen, halbiere sie und schneide das Kerngehäuse heraus. Pinsle sie rundherum mit Zitronensaft ein, damit sie nicht braun werden. Reibe die Orangenschale auf der Küchenreibe fein ab und press den Saft mit einer Zitronenpresse aus. Nun Mandeln, Mandelmus, Orangenschale, Orangensaft und die restlichen 75 g Zucker gut vermischen. Diese Mischung füllst du in die Birnenhälften.

Danach das Ausrollen und fertig Einpacken: Verteile etwas Mehl auf einer Arbeitsfläche und schneide den Teig in 5 Teile. Rolle 4 Teigteile zu Kreisen mit je 15 cm Durchmesser mit einem Nudelholz aus. Den restlichen Teig ausrollen und mit dem Blatt-Ausstecher die Blätter aus dem restlichen Teig ausstechen. Füge nun die Birnenhälften wieder zu Birnen zusammen. Stelle sie in den Mittelpunkt der Teigkreise und packe die Birnen darin ein. Verrühre das zweite Ei und die Sahne mit einem Schneebesen. Mit einem Backpinsel die Birnen mit der Eisahne einpinseln. Die Teigblätter drückst du daran fest.

Jetzt das Backen: Nun setzt du die Birnen auf ein mit Backpapier ausgelegtes Backblech und backst sie im heißen Ofen bei 180 Grad (Umluft 160 Grad) 25 Minuten. Genieß die Birnen im Schlafrock mit Vanillesauce.

GEBACKENE Birne im SCHLAFROCK

Für 4 Portionen
Zubereitungszeit: 1 Stunde und 30 Minuten,
davon 25 Minuten Backzeit

125 g Butter
250 g Dinkelmehl (Type 630) oder Weizenmehl
150 g Zucker
2 mittelgroße Eier
4 kleine Birnen (lecker auch mit Äpfeln)
2 EL Zitronensaft
1 unbehandelte Orange
50 g gemahlene Mandeln
1 EL Mandelmus (aus dem Bioladen
oder Reformhaus)
3 EL Sahne
100 ml Vanillesauce

1 Ausstecher in Blattform

Der Durchmesser eines Kreises entspricht dem Abstand zwischen den Schnittpunkten einer Geraden, die durch den Kreismittelpunkt verläuft.

* Holunder-Orangenpunsch

Für 4–6 Kinder
Zubereitungszeit: 15 Minuten

400 ml Orangensaft
400 ml Holundersaft
3 EL Ahornsirup

So geht's: Gib alle Zutaten in einen Topf und erhitze sie. Fülle dann den Punsch mithilfe eines Trichters in die Becher.

Geschnetzeltes
mit PILZEN + SPÄTZLE

Für 4–6 Portionen
Zubereitungszeit: 2 Stunden

4 mittelgroße Eier
Salz
200 g Dinkelmehl (Type 630)
100 ml Wasser
30 g Butter
1 Messerspitze gemahlene Muskatnuss (so viel wie auf eine Messerspitze passt)
1 Zwiebel
500 g gemischte Pilze (Champignons, Austernpilze, Kräuterseitlinge)
300 g Putenbrustfilet
3 EL Öl
Pfeffer
1 TL getrocknete Kräuter der Provence
200 ml Sahne
1 Bund Schnittlauch

1 Spätzlepresse

Erstmal der Spätzleteig: Schlage die Eier mit 1 TL Salz und 4 EL Wasser in eine Schüssel. Verrühre die Eier mit einem Schneebesen und füge das Mehl hinzu. Mit den Knethaken des Mixers alles zu einem glatten Teig verrühren (Achtung, der Teig ist ein bisschen klebrig).
Setze nun einen großen Topf mit 3 Liter Wasser und 2 TL Salz auf und lass das Wasser aufkochen. Fülle den Spätzleteig portionsweise in eine Spätzlepresse (es passt nicht alles auf einmal in die Presse, deswegen machst du immer einige Spätzle nacheinander). Den Teig in das kochende Wasser drücken. Wenn die Spätzle an die Wasseroberfläche aufsteigen, kannst du sie mit einer Schaumkelle aus dem Wasser nehmen und in einem Sieb abtropfen lassen. Das machst du so lange, bis der Teig aufgebraucht ist. Fülle nun die Spätzle in einen Topf mit etwas Butter und Muskatnuss, umrühren.
Nun das Geschnetzelte: Schäle die Zwiebel, halbiere sie und schneide sie in Ringe. Putze die Pilze und schneide sie in Scheiben. Das Putenbrustfilet ebenfalls in Streifen schneiden. Erhitze das Öl in der Pfanne und brate die Zwiebeln, die Pilze und die Putenbruststreifen 5 Minuten rundherum an. Nimm am besten einen Kochlöffel zum Umrühren. Alles mit Salz, Pfeffer und Kräutern der Provence würzen. Die Sahne hinzufügen und nochmal aufkochen lassen. Jetzt schneidest du noch den Schnittlauch in Röllchen und streust ihn über das Geschnetzelte mit den Spätzle.
Falls du kein Fleisch magst, kannst du das Rezept auch ohne Fleisch zubereiten und einfach 300 g mehr Pilze nehmen.

Feldsalat hat viele verschiedene Namen, z. B. heißt er Nüsslisalat, Mausöhrchensalat, Rapunzelsalat und Ackersalat. Wie du ihn selber nennst, das kannst du dir jetzt aussuchen.

Für 4 – 6 Kinder
Zubereitungszeit: 1 Stunde

- 1 EL flüssiger Honig
- 1 EL Mandelmus (aus dem Bioladen oder Reformhaus)
- 2 EL Zitronensaft
- 3 EL Olivenöl
- Salz, Pfeffer
- 1 Rote Bete (etwa 250 g)
- 200 g Karotten
- 1 kleiner Kohlrabi
- 100 g Feldsalat
- 50 g gehobelte Haselnüsse

Erst das Dressing: Mische Honig, Mandelmus, Zitronensaft, Öl, Salz und Pfeffer in einer kleinen Schüssel und verrühre alles mit einem Schneebesen richtig gut. Oder füll die Zutaten in ein kleines verschraubbares Glas, schraube es gut zu und schüttle alles ganz kräftig.

Dann reiben und waschen: Für die Raspel schälst du die Rote Bete (davon bekommst du rote Hände, das geht aber beim Händewaschen wieder weg), die Karotten und den Kohlrabi. Nun die 3 leckeren Gemüse auf der groben Seite der Küchenreibe reiben (Achtung, achte auf Omas Tipp!). Putze den Feldsalat und wasche ihn in kaltem Wasser, gib ihn in ein Sieb und lass ihn gut abtropfen.

Nun wird ein Salat daraus: Vermische die Raspel, den Feldsalat, das Dressing und die gehobelten Haselnüsse. Das schmeckt sehr lecker und ist auch sehr gesund.

Erst der Teig: Für den Mürbeteig schneidest du die Butter in Würfel. Misch Butter, Mehl, 75 g Zucker und das Ei in einer Schüssel und verknete die Zutaten zu einem festen Teig. Das geht am besten mit den Händen oder mit den Knethaken des Handrührgeräts. Dann den Teig in Frischhaltefolie wickeln und 30 Minuten in den Kühlschrank legen.

Inzwischen die Füllung: Die Äpfel vierteln und die Kerne mit einem kleinen Messer herausschneiden. Die Viertel schneidest du nun in dünne Spalten und füllst sie in eine Schüssel. Die Apfelspalten sofort mit dem Zitronensaft vermischen (dann werden die Äpfel nicht braun). Füge die restlichen 75 g Zucker und den Zimt hinzu.

Nun die Apple Pie fertig machen: Den Teig nochmals durchkneten. Streue Mehl auf eine Arbeitsfläche und rolle den Teig mit einem Nudelholz aus. Fette dann eine Tarteform mit Butter ein und lege den Teig hinein, dabei den Teig an den Rändern gut in die Form drücken. Rolle nun mit dem Nudelholz darüber, damit du einen schönen, glatten Rand bekommst. Den Backofen auf 190 Grad (Umluft 170 Grad) vorheizen. Verknete den restlichen Teig und rolle ihn aus. Mit einem Blattausstecher Blätter ausstechen (oder mit einem Messer Blätter aus dem Teig schneiden). Streue zuerst die gehackten Mandeln auf den Boden der Tarteform, verteile danach die Äpfel in der Form. Nun kommen noch die Blätter auf die Äpfel. Schiebe die Tarte in den heißen Ofen und backe sie 45 Minuten. Gib das Apfelgelee in einen Topf und erwärme es, bis es flüssig ist. Wenn die Apple Pie fertig ist und du sie (mit Backhandschuhen!) aus dem Ofen genommen hast, pinsel sie mit dem Apfelgelee ein und lass sie abkühlen. Fertig! Nach all der Arbeit schmeckt sie nun ganz wunderbar.

Apple Pie mit Blättern

Für 6–8 Portionen
Zubereitungszeit: 2 Stunden, davon 45 Minuten Backzeit

125 g Butter
250 g Dinkelmehl (Type 630) oder Weizenmehl
150 g Zucker
1 mittelgroßes Ei
6 mittelgroße Äpfel (oder 8 kleine Äpfel)
3 EL Zitronensaft
2 TL gemahlener Zimt
etwas Butter für die Form

100 g gehackte Mandeln
3 EL Apfelgelee

1 Tarteform
1 Ausstecher in Blattform

Bestimmt kennst du das Märchen
von Rotkäppchen und dem Wolf? In unserer
Geschichte hier gibt es gleich zwei Rotkäppchen,
und der liebe Wolf passt auf die beiden auf.
„Es war einmal....“ – wie könnte das Märchen
wohl weitergehen?

STOCKBROT Seite 179
BRATBIRNEN mit VANILLESAUCE Seite 180
SCHAFSKÄSE-MANGOLDPÄCKCHEN Seite 183
FOLIENKARTOFFELN MIT TZATZIKI Seite 184
GEGRILLTE FORELLE Seite 186
SCHOKOBANANEN Seite 188
SURVIVAL-PUNSCH (APFEL-CRANBERRY) Seite 190

Survival

SO BAUE ICH MIR EIN LAGERFEUER:
1 EBENEN, NICHT BRENNBAREN UNTERGRUND SUCHEN!
(NOCH SICHERER: MIT STEINEN UMRANDEN!)
2 RAHMEN AUS DAUMENDICKEM ANMACHHOLZ
3 FLÄCHE MIT REISIG ODER RINDE FÜLLEN, ANZÜNDEN.
4 MEHR ANMACHHOLZ WIE EIN TIPI DRÜBER-BAUEN
5 NACH UND NACH STÄRKERE HÖLZER AUFSCHICHTEN

um-den-Ast-gewickeltes STOCKBROT

Für 6 Portionen
Zubereitungszeit: 2 Stunden

400 g Dinkelvollkornmehl
3 EL Olivenöl
½ TL Salz
30 g frische Hefe
1 Bund Schnittlauch
100 g Walnüsse

6–8 (geschnitzte) Holzstöcke für das Brot

Erst der Teig: Für den Teig vermengst du das Mehl, Olivenöl, Salz und 150 ml lauwarmes Wasser. Dann die frische Hefe hineinbröseln. Alle Zutaten mit den Knethaken des Handrührgeräts zu einem glatten Teig verkneten. Den deckst du mit einem Geschirrtuch ab und lässt ihn 45 Minuten an einem warmen Ort gehen.

Inzwischen das Schnippeln: Den Schnittlauch in feine Röllchen schneiden. Die Walnüsse fein hacken. Knete nun den Schnittlauch und die Walnüsse unter den Teig. Nimm eine Portion Teig und rolle sie zu einer Wurst, die du dann um den Stock wickelst – genauso wie hier auf dem Foto.

Und nun am Feuer: Halt die mit Brotteig umwickelten Holzstöcke über die Glut und drehe sie rundherum 8–12 Minuten, bis sie gar sind.

Bratbirnen mit Vanillesauce

Für 6 Portionen
Zubereitungszeit: 45 Minuten

100 g gemahlene Mandeln
2 EL Mandelmus (aus dem Bioladen oder Reformhaus)
4 EL Apfelsaft
6 kleine Birnen
100 ml Vanillesauce

6 angespitzte Astspieße

So gehen die Bratbirnen: Für die Füllung Mandeln, Mandelmus und Apfelsaft verkneten. Dann schneidest du in die Birnen unten (am Blütenansatz) ein Loch hinein und löst mit einem Löffel alle Kerne heraus. Drücke nun die Füllung in die Birnen. Die Birnen auf angespitzte Holzspieße aufspießen. Drehe die Spieße mit den Birnen rundherum 10 Minuten über der Feuerglut.

Falls du die Birnen ohne Lagerfeuer machen möchtest, schiebst du sie in einer feuerfesten Form bei 180 Grad (Umluft 160 Grad) 25 Minuten in den Ofen.

Die Birnen schmecken ganz toll mit der Vanillesauce, egal ob im Feuer gegart oder im Backofen.

Tränke die Holzspieße einmal in Wasser, dann brennen sie im Feuer nicht an.

Schafskäse-Mangold-Päckchen

Für 6 Päckchen
Zubereitungszeit: 1 Stunde

6 große Mangoldblätter
Salz
150 g Schafskäse
120 g Kidneybohnen
(aus dem Glas oder der Dose)
2 Zweige Thymian
(oder 1 TL getrockneter Thymian)
2 EL Olivenöl
Pfeffer

6 Holzspieße

Die Mangoldblätter vorbereiten: Schneide die Mangoldblätter vom Strunk frei. Koch sie 5 Minuten in Salzwasser, nimm sie heraus und spüle sie mit kaltem Wasser ab. Tupfe sie dann mit Küchenpapier trocken.

Die Füllung: Den Schafskäse in 6 Stücke schneiden. Lass die Kidneybohnen in einem Sieb abtropfen. Die Thymianblättchen abzupfen. Vermische die Bohnen, Olivenöl, Thymian, Salz und Pfeffer in einer Schüssel. Breite die Mangoldblätter aus und setze jeweils 1 Stückchen Schafskäse und 1 EL Bohnen darauf. Nun rollst du den Mangold zu Päckchen und verschließt sie gut mit je 1 Holzspieß.

Nun das Grillen: Setze einen Grillrost auf die Glut und grille die Päckchen von jeder Seite 5 Minuten. Du kannst dieses Rezept auch im Backofen machen, indem du die Mangoldpäckchen auf ein Blech setzt und sie im Backofen bei 200 Grad (Umluft 180 Grad) 10 Minuten bäckst.

Folienkartoffeln mit Tzatziki

Für 6 Portionen
Zubereitungszeit: 1 Stunde 30 Minuten

12 mittelgroße Kartoffeln
½ Gurke
1 Knoblauchzehe
1 Bund Schnittlauch
150 g Naturjoghurt
200 g Speisequark
2 EL Zitronensaft
Salz, Pfeffer

Die Kartoffeln vorbereiten: Koch die Kartoffeln in einem Topf mit Wasser 15 Minuten vor (dann brauchen sie in der Glut nicht mehr so lange). Gieß sie dann ab und umwickel sie einzeln mit Alufolie.

Für das Tzatziki: Schäl die Gurke und schneide sie in feine Würfel. Den Knoblauch schälen und durch eine Knoblauchpresse drücken. Den Schnittlauch in feine Röllchen schneiden. Vermische nun alle Zutaten in einer Schüssel zu einem leckeren Tsatsiki.

Nun ans Feuer: Leg die Kartoffeln für 15 Minuten in die Glut und iss sie dann zusammen mit dem Tzatziki mit deinen Freunden am Feuer.

Tzatziki oder Tsatsiki ist eine
griechische Speise und außerdem
ein Zungenbrecher (am besten
versuchst du es zehnmal hinter-
einander zu sagen).

Gegrillte Forelle

Wenn du keine Fischgrill-Gitter hast, kannst du auch Alufolie nehmen. Falls du kein Feuer weit und breit hast: Dann lege die Forellen auf ein leicht geöltes Backblech und backe sie im heißen Backofen bei 200 Grad (Umluft 180 Grad) 20 Minuten. Leckkkkkeeerrrr!!

Für 6 Portionen
Zubereitungszeit: 1 Stunde

4 EL Olivenöl
3 EL Zitronensaft
1 TL Meersalz
1 EL getrockneter Thymian
6 Forellen, ausgenommen und küchenfertig
(so beim Fischhändler bestellen)
Salz, Pfeffer

6 Fischgrill-Gitter

Marinade vorbereiten: Du vermischst Olivenöl, Zitronensaft, Meersalz und Thymian in einem Glas mit Schraubdeckel, schraubst das Glas gut zu, schüttelst alles und nimmst das Glas mit einem Backpinsel mit zur Grillstelle. Ritze nun die Haut der Forellen mit einem scharfen Messer im Abstand von einem Daumen breit ein. Setz sie dann in die Fischgrill-Gitter und lass sie im Feuer rundherum 10 Minuten brutzeln. Danach die Forellen mehrfach mit der Marinade einstreichen und mit Salz und Pfeffer würzen. Alternativ kannst du sie auch in Alufolie wickeln und in der Glut garen.

Schoko-Bananen

Für 6 Portionen
Zubereitungszeit: 20 Minuten

- 6 Bananen
- 100 g Schokoladenplättchen

So geht's: Schneide die Bananenschalen längs mit einem Messer ein. Schlitze nun die Banane mehrfach ein und drücke die Schokoladenplättchen in die Schlitze hinein. Lege die Bananen für 5–7 Minuten in die Glut und schaue zu, wie die Schokolade schmilzt. Löffele sie einfach aus der Schale aus. Das schmeckt sehr lecker.

Übrigens:
Der Weltrekord im Steine-
übers-Wasser-hüpfen-lassen
liegt derzeit bei 51 Sprüngen!
Wie viele schaffst du?

SURVIVAL-Punsch

Für 6 Portionen
Zubereitungszeit: 20 Minuten

750 ml Apfelsaft
¼ l Wasser
200 ml Cranberrysaft
2 EL Agavendicksaft (aus dem Reformhaus oder Bioladen) oder alternativ Honig

So geht's:
Erhitze alle Zutaten in einem Topf. Fülle den Punsch in eine Thermoskanne und nimm ihn mit ans Lagerfeuer.

A

...wie Apfel

Ruckzuck-Apfelkuchen Seite 194

Himmel und Erde Seite 196

Apfelsorten-Übersicht Seite 199

Apfel-Karotten-Salat Seite 200

Tarte Tatin Seite 202

Apfel-Krümel mit Vanilleeis Seite 204

Apfel-Pfannküchlein Seite 206

Apfel-Kürbis-Gratin Seite 208

Puten-Curry mit Reis und Apfelchutney Seite 210

Für 1 Kuchen (16 Stücke)
Zubereitungszeit: 1 Stunde,
davon 25 Minuten Backzeit

100 g Butter
300 g Mehl
1 TL Backpulver
200 ml Milch
100 g Zucker
¼ TL gemahlenes Zimtpulver
2 mittelgroße Eier
800 g Äpfel
2 EL Zitronensaft
2 EL Puderzucker

1 Springform (26 cm Durchmesser)

Erst der Teig: Erwärme die Butter in einem Topf. Das mit Backpulver vermischte Mehl, die Milch, die flüssige Butter, Zucker, Zimt und die Eier verrührst du in einer Schüssel mit einem Schneebesen. Viertle die Äpfel, schneide die Kerngehäuse heraus und schneide die Äpfel in kleine Stücke. Vermische die Apfelwürfel mit dem Zitronensaft und rühr sie unter den Teig. Fette die Backform ein und gib den Teig hinein.

Nun das Backen: Erhitze den Ofen auf 180 Grad (Umluft 160 Grad) und backe den Kuchen 25 Minuten. Dann nimmst du ihn (mit Backhandschuhen!) aus dem Ofen, lässt ihn etwas abkühlen und bestäubst ihn mit dem Puderzucker.

Ruckzuck-Apfelkuchen

Himmel und Erde

Kannst du erraten, wie dieses Gericht zu seinem Namen kam?

Für 4 Portionen
Zubereitungszeit: 1 Stunde

- 750 g Kartoffeln
- 1 TL Salz
- 200 ml Milch
- 30 g Butter
- Pfeffer
- frisch geriebene Muskatnuss
- 100 g Schinkenspeck in Scheiben
- 3 rote Zwiebeln
- 4 Äpfel
- 2 EL Zitronensaft
- 1 Bund Schnittlauch
- 2 EL Öl

Erst das Kartoffelpüree: Schäle die Kartoffeln und gib sie in einen Topf mit heißem Salzwasser. Dann kochst du die Kartoffeln mit einem Deckel zugedeckt 25 Minuten, bis sie weich sind. Erwärme die Milch und die Butter in einem kleinen Topf und würze sie mit Salz, Pfeffer und Muskatnuss. Dann die Kartoffeln in ein Sieb gießen.
Gib sie zurück in den Topf und zerstampfe sie mit einem Kartoffelstampfer. Nun die zerstampften Kartoffeln mit der Milch verrühren und das Püree warm stellen.
Dann die Apfelspalten: Schneide den Speck in kleine Würfel. Die Zwiebeln schälen und in Ringe schneiden. Viertle die Äpfel, schneide die Kerne heraus und schneide die Viertel in feine Spalten. Die Apfelspalten mit dem Zitronensaft vermischen. Den Schnittlauch in feine Röllchen schneiden. Nun erhitzt du das Öl in einer Pfanne und brätst die Zwiebelringe, den Speck und die Apfelspalten an. Streue die Schnittlauchröllchen dazu. Das Ganze mit Salz und Pfeffer würzen. Nun verteilst du das Kartoffelpüree und die Apfelspalten auf die Teller. Sehr lecker!

Es gibt unglaublich viele Apfelsorten,
die ganz unterschiedlich schmecken und darum
auch für unterschiedliche Rezepte geeignet sind.
(Einige von ihnen zeige ich euch hier auf der rechten Seite.)
Und was das Tollste an Äpfeln ist: Sie sind sehr gesund!
Eine englische Weisheit besagt: „An Apple a Day keeps the
Doctor Away", was soviel heißt wie: Wenn du jeden Tag
einen Apfel isst, bleibst du gesund und brauchst
nicht zum Arzt gehen.

Braeburn

hat sehr festes Fruchtfleisch, ist fein säuerlich und lässt sich lange lagern.

Golden Delicious

heißt übersetzt »gelber Köstlicher« und ist sehr süß. Golden Delicious ist die Mama vom Elstarapfel.

Boskop

hat einen kräftig fruchtigen Geschmack und eignet sich gut zum Backen.

Jonagold

ist auch eine Tochter vom Golden Delicious und eignet sich auch sehr gut zum Backen. Jonagold hat auch noch einen Bruder namens Jonagored, die sind fast wie eineiige Zwillinge, nur ist der Jonagold noch länger haltbar.

Ingrid Marie

ist süßfruchtig und saftig und die Schale ist feuerrot

Elstar

hat ein würzig-fruchtiges Aroma, spritzig, süßsäuerlich und eignet sich gut zum Backen. Er ist eine Kreuzung zwischen (d. h. also die Eltern sind) Golden Delicious und Ingrid Marie. Der Elstar ist der beliebteste Apfel in Deutschland.

Apfel-Karotten-Salat mit Sonnenblumenkernen

Für 4 Portionen
Zubereitungszeit: 25 Minuten

- 3 EL Olivenöl
- 1 TL Senf
- 1 TL Honig
- 2 EL Zitronensaft
- Salz, Pfeffer
- 1 Bund Petersilie
- 300 g Karotten
- 3 Äpfel
- 30 g Sonnenblumenkerne

So geht´s: Vermische Öl, Senf, Honig, Zitronensaft, etwas Salz und Pfeffer in einer Schüssel. Zupfe die Petersilienblätter ab und hacke sie fein. Schäle die Karotten und reibe sie auf der groben Seite der Küchenreibe. Die Äpfel vierteln, entkernen und ebenfalls auf der groben Seite der Küchenreibe reiben. Nun alle Zutaten in einer Schüssel vermischen. Erhitze eine Pfanne ohne Fett und röste die Sonnenblumenkerne an. Dabei ständig mit einem Holzlöffel umrühren, denn sie verbrennen schnell. Zum Schluss streust du die Kerne noch über den Salat, fertig!

Für 4–6 Portionen
Zubereitungszeit: 1 Stunde,
davon 25 Minuten Backzeit

- 2 EL Weizenmehl
- 1 Paket tiefgekühlter Blätterteig (300 g)
- 1 kg Äpfel
- 2 EL Zitronensaft
- 20 g Butter
- 75 g Zucker
- 1 TL gemahlener Zimt
- 150 ml Schlagsahne
- 1 Päckchen Vanillezucker

- 1 Springform (26 cm Durchmesser)

Für das Foto haben wir die Kerngehäuse mit einem Apfelausstecher (siehe dazu auch Seite 207) entfernt und die Äpfel dann in Scheiben geschnitten. Das sieht hübsch aus, es schmeckt aber in Spalten ebenso gut.

Erst der Belag: Bestreue eine Arbeitsfläche mit Mehl, lege darauf die Blätterteigscheiben zum Auftauen. Die Äpfel schälen, vierteln, entkernen und in 1 cm dicke Scheiben schneiden. Vermische die Apfelscheiben mit dem Zitronensaft (dann werden die Äpfel nicht braun). Fette die Springform mit der Butter ein. Verteile den Zucker auf dem Boden und verstreue auch das Zimtpulver. Belege den Boden mit den Apfelscheiben.
Nun der Teig: Du rollst alle Blätterteigplatten übereinander mit einem Nudelholz aus. Stell die Backform auf den Teig und schneide mit einem Messer um den Teig herum. Den Teig auf die Äpfel legen.
Und hurra das Backen: Schiebe die Springform in den heißen Ofen bei 200 Grad (Umluft 180 Grad) und backe die Tarte Tatin 25 Minuten. In der Zwischenzeit kannst du die Sahne mit dem Vanillezucker mit den Quirlen des Handrührgeräts steif schlagen.
Tarte herausnehmen: Nun nimmst du die Tarte (mit Backhandschuhen!) aus dem Ofen, lässt sie etwas abkühlen und stürzt sie kopfüber auf einen großen Teller. Dann noch einen Klecks Sahne darauf und mit etwas Zimt bestreuen, lecker!!!

Der Legende nach soll die Tarte Tatin im 19. Jahrhundert von den betagten Schwestern Tatin in Frankreich zufällig erfunden worden sein. Ein von den beiden Damen zubereiteter Apfelkuchen soll ihnen aus den Händen auf die Apfelseite gefallen sein. Daraufhin hätten sie ihn einfach mit der Fruchtseite nach unten wieder in die Form gelegt, mit frischem Teig bedeckt und noch einmal gebacken.

Tarte Tatin

Für 4 Portionen
Zubereitungszeit: 1 Stunde,
davon 30 Minuten Backzeit

2 mittelgroße Äpfel
2 TL Zitronensaft
30 g Sultaninen
4 EL Ahornsirup
50 g kalte Butter
2 EL Weizenmehl
2 EL Haferflocken
30 g Zucker
1 Prise Salz
¼ TL gemahlener Zimt
200 ml Vanilleeis

Erst die Äpfel: Du schälst die Äpfel, viertelst sie, schneidest die Kerne heraus und würfelst sie grob. Jetzt vermischst du den Zitronensaft, Ahornsirup, Sultaninen und die Äpfel und füllst sie in eine Auflaufform.

Die Krümelmasse: Schneide die Butter in kleine Stücke. Dann das Mehl, die Haferflocken, die Butter, den Zucker, das Salz und den Zimt in eine Schüssel geben. Verknete die Zutaten mit den Knethaken des Handrührgeräts zu groben Streuseln.

Nun das Backen: Krümel den Teig über die Äpfel. Schiebe die Auflaufform in den heißen Ofen bei 190 Grad (Umluft 170 Grad) auf der 2. Schiene von unten und backe die Apfel-Krümel etwa 30 Minuten. Dann (mit Backhandschuhen!) herausnehmen und mit Vanilleeis genießen.

Apfel-Krümel heißt auf Englisch übersetzt „Apple-Crumble", du kannst das Rezept also auch Apple-Crumble nennen, hihi.

Apfel-Krümel mit Vanilleeis

Apfel-Pfannküchlein

Ein Apfelausstecher (oder auch Apfelentkerner genannt) ist ein Küchenwerkzeug, mit dem du (wie der Name schon sagt) die Apfelkerne herausschneiden kannst. Wenn du keinen Apfelausstecher hast, kannst du die Äpfel auch wie gewohnt entkernen und in Spalten auf die Pfannküchlein legen.

Für 4 Portionen
Zubereitungszeit: 45 Minuten

- 200 g Mehl
- 3 TL Backpulver
- 250 ml Milch
- 4 mittelgroße Eier
- 40 g Zucker
- 2 Äpfel
- 1 EL Zitronensaft
- 3 EL Akazienhonig

Erst der Teig: Verrühre mit einem Schneebesen in einer Schüssel Mehl, Backpulver, Milch, Eier und Zucker, bis keine Klumpen mehr zu sehen sind. Lass den Teig 15 Minuten quellen.
Jetzt das Schnippeln: In der Zwischenzeit die Apfelkerne mit einem Apfelkernausstecher herausstechen und die Äpfel in fingerbreite Scheiben schneiden. Vermische die Apfelscheiben mit dem Zitronensaft.
Nun das Backen: Einen Teller mit Küchenpapier zum Abtropfen der Pfannküchlein vorbereiten. Erhitze das Öl in einer beschichteten großen Pfanne und backe aus dem Teig 12 Pfannküchlein. Drücke in jeden Teig eine Apfelscheibe und wende sie dann. Füll den Puderzucker in ein kleines Sieb. Nimm dann die Pfannküchlein mit einem Pfannenheber aus der Pfanne, lass sie auf dem Küchenpapier abtropfen und bestäube sie mit etwas Puderzucker. Träufle nun den Honig darüber.

Für 4–6 Portionen
Zubereitungszeit: 1 Stunde und 20 Minuten

20 g Butter
1 EL Weizenmehl
100 ml Gemüsebrühe
(100 ml Wasser plus 1 TL Gemüsebrühepulver)
200 ml Milch
Salz, Pfeffer
frisch geriebene Muskatnuss
70 g Goudakäse
400 g Butternut-Kürbis
1 Bund Schnittlauch
2 Äpfel
2 EL Zitronensaft
Butter für die Form

Erstmal die Sauce: Für die Sauce erhitzt du die Butter in einem Topf und rührst mit einem Löffel das Mehl dazu. Nun die Brühe und die Milch hinzufügen und die Sauce aufkochen lassen. Dabei mit einem Schneebesen umrühren. Würze die Sauce mit Salz, Pfeffer und Muskatnuss.

Nun schnippeln und schneiden: Reibe den Käse auf der groben Seite der Küchenreibe. Schäle und entkerne den Kürbis, schneide ihn in dünne Scheiben. Den Schnittlauch in feine Röllchen schneiden. Die Äpfel vierteln, entkernen und in dünne Scheiben schneiden. Vermische die Apfelscheiben mit dem Zitronensaft (dann werden die Äpfel nicht braun) und dem Kürbis.

Dann das Backen: Fette eine Auflaufform oder mehrere kleine Auflaufformen und fülle die Kürbis-Apfelmischung in die Formen. Bestreue sie mit dem Käse und gieße die Sauce darüber. Dann den Auflauf für 30 Minuten im heißen Backofen bei 180 Grad (Umluft 160 Grad) backen. Nimm den Auflauf (mit Backhandschuhen!) aus dem Ofen und streue den Schnittlauch darüber.

Apfel-Kürbis-Gratin

Für 4–6 Portionen
Zubereitungszeit: 1 Stunde und 30 Minuten

FÜR DAS APFELCHUTNEY:

2 mittelgroße Äpfel
1 Zwiebel
100 ml Apfelsaft
3 EL Zitronensaft
1 TL Senfkörner
3 EL Ahornsirup
Salz, Pfeffer

FÜR DAS PUTEN-CURRY:

200 g Langkornreis
400 g Putenfilet
2 Zwiebeln
1 mittelgroßer Apfel
2 EL Öl
100 ml Hühnerbrühe (100 ml Wasser plus ½ TL Hühnerbrühepulver)
200 ml Kokosmilch
1 TL Currypulver

Erst das Chutney: Schäle die Äpfel, viertle sie, schneide die Kerne heraus und würfle die Apfelspalten fein. Schäle die Zwiebel und würfle sie. Nun die Apfel- und Zwiebelwürfel, Apfelsaft, Zitronensaft, Senfkörner, Ahornsirup, Salz und Pfeffer in einen Topf geben.

Lass das Chutney 30 Minuten bei kleiner Hitze kochen, dabei immer mal wieder mit dem Kochlöffel umrühren.

Dann das Curry: Koche den Reis in einem Topf mit 1 Liter Salzwasser 20 Minuten, nimm den Topf vom Herd und lass den Reis weiterquellen. Das Putenfilet in Streifen schneiden. Die Zwiebeln schälen und in Ringe schneiden. Den Apfel vierteln, entkernen und in Spalten schneiden. Als Nächstes erhitzt du das Öl in einer Pfanne und brätst die Putenstreifen darin an. Dann fügst du die Apfelspalten und die Zwiebelringe hinzu. Gieß die Brühe und die Kokosmilch dazu und würze alles mit Salz, Pfeffer und Currypulver.

Puten-Curry

mit Reis und Apfelchutney

Grundrezept Lebkuchenteig Seite 214

Lebkuchenschmuck für den Weihnachtsbaum Seite 217

Warme Lebkuchen-Schokolade Seite 219

Gebackene Schneeflocken Seite 220

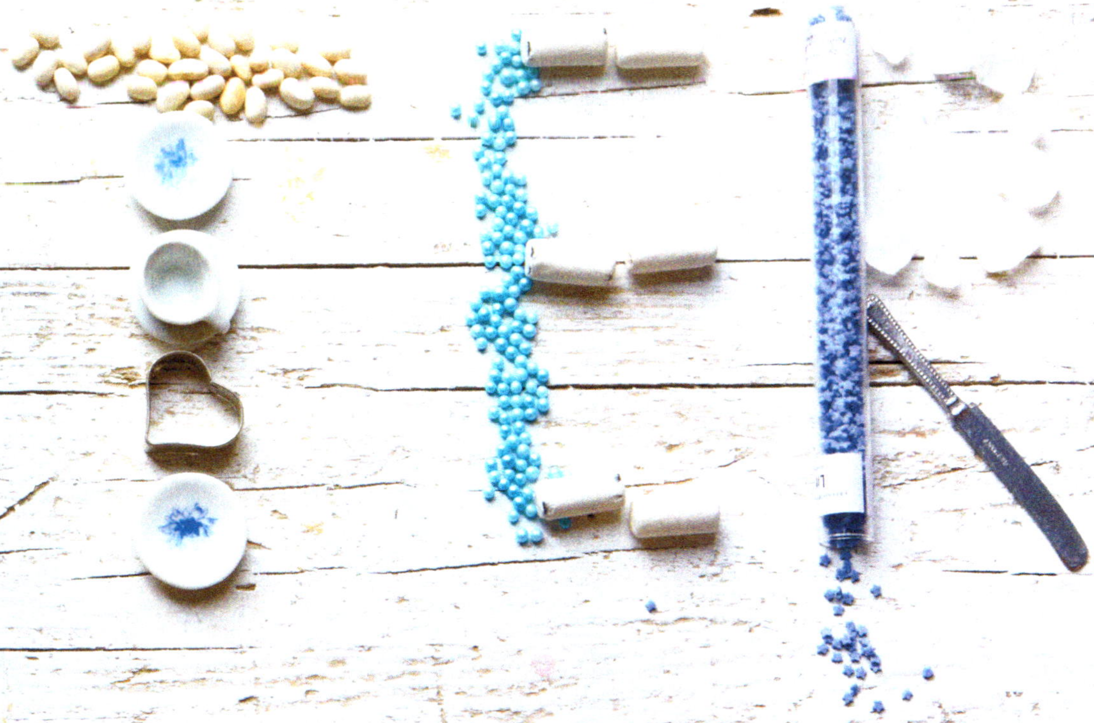

Hefe-Schneemänner Seite 225

Makronen-Schneeberge Seite 227

Das Lebkuchengewürz Seite 228

Winterliche Smarties-Kirche Seite 230

Heisse Landhaussuppe mit Knoblauchbaguette Seite 233

Grundrezept
Lebkuchenteig

Für das Rezept auf Seite 217 oder Seite 231

Zubereitungszeit: 45 Minuten

- 150 g Zuckerrübensirup
- 75 g Zucker
- 100 g Butter
- 1 EL Kakao
- 1 EL Lebkuchengewürz
- 450 g Mehl (Type 550)
- 2 gestrichene TL Backpulver
- 5 EL Milch

So geht der Teig: Fülle Zuckerrübensirup, Zucker, Butter, Kakao und Lebkuchengewürz in einen Topf. Rühre darin mit einem Kochlöffel so lange, bis sich der Zucker aufgelöst hat. Das Mehl mit dem Backpulver, der Milch und der Butter-Sirup-Mischung mit den Knethaken des Handrührgeräts zu einem glatten Teig verkneten. Forme den Teig zu einer Kugel, wickle ihn in Frischhaltefolie und lass ihn 2 Stunden im Kühlschrank ruhen.

Schau mal, wie leicht du dir aus Backpapier eine Spritztüte basteln kannst. Oder du füllst den Zuckerguss in einen Gefrierbeutel und schneidest unten eine ganz kleine Ecke ab.

Lebkuchenschmuck für den Weihnachtsbaum

FÜR DEN TEIG:
1 Rezeptmenge Lebkuchenteig (siehe Seite 214)

FÜR DEN GUSS:
1 mittelgroßes Ei
2 EL Milch
200 g Puderzucker
verschiedene Zuckerdeko

Ausstechformen

Für 25 Lebkuchen
Zubereitungszeit: 2–3 Stunden,
davon 15 Minuten Backzeit,
2 Stunden Pause dazwischen

Erst der Teig: Bereite das Grundrezept Lebkuchenteig zu. Jetzt hast du 2 Stunden Zeit zum Spielen.
Das Backen: Heize den Backofen auf 200 Grad (Umluft 180 Grad) vor. 2 Backbleche mit Backpapier auslegen. Rolle den Teig auf einer bemehlten Arbeitsfläche etwa kinderdaumendick aus und steche daraus mit Ausstechern wie Engel, Tannenbaum, Stern oder anderen die Motive aus. Verteile die ausgestochenen Lebkuchen dann mit etwas Abstand auf die Bleche. Trenne das Ei und verrühre das Eigelb mit der Milch.
Bestreiche die Lebkuchen auf den Blechen mit einem Pinsel dünn mit der Eigelb-Milch und backe die Lebkuchen im heißen Ofen 15 Minuten. Hol das Blech (mit Backhandschuhen!) aus dem Ofen. Nimm die noch warmen Lebkuchen mit einem Tuch und bohre mit einem Holzstäbchen ein Loch zum Aufhängen hinein. Dann lässt du sie abkühlen.
Zum Verzieren: Schlage das Eiweiß und den Puderzucker mit den Quirlen des Handrührgeräts steif (das dauert etwa 5 Minuten). Bastel für jedes Kind eine Spritztüte – Herr von Schlau verrät dir oben, wie es geht. Verteile den Guss auf mehrere Spritztüten (je nach Anzahl der Kinder). Verziere nun die Lebkuchen, wie du magst, und beklebe sie nach Lust und Laune mit Keksschmuck. Lass dann den Guss trocknen. Jetzt Bänder durch die Löcher im Lebkuchen ziehen, gut verknoten und in den Baum hängen (oder schon vor Weihnachten ans Fenster).

Der Schneebesen heißt auch im Sommer so, auch wenn gar kein Schnee liegt.

Warme Lebkuchen-Schokolade

Für 4 Portionen
Zubereitungszeit: 20 Minuten

- 600 ml Milch
- 3 EL Kakaopulver (ohne Zucker)
- 40 g Zucker
- ½ TL Lebkuchengewürz

So geht's: Erwärme 100 ml Milch in einem kleinen Topf und schlage die warme Milch mit einem Schneebesen schaumig. Dann hast du extra Schaum für den Kakao. ½ l Milch, Kakao, Zucker und Lebkuchengewürz in einem Topf erwärmen. Fülle den Kakao in 4 Gläser und füge den Schaum mit einem Löffel hinzu. Trink die Schoki schön warm mit deinen Freunden.

Der Mürbeteig heißt so, weil der Teig mürbe, trocken und trotzdem geschmeidig ist.

Gebackene Schneeflocken

100 g Butter
1 mittelgroßes Ei
200 g Mehl
35 g Zucker
¼ TL Lebkuchengewürz
100 g Puderzucker
1 TL Zitronensaft
etwas blaue Lebensmittelfarbe
Zuckerdeko (Zuckerperlen, Zuckerkonfetti, essbare Silberkugeln, Schokokugeln usw.)

Schneekristall-Ausstechformen in unterschiedlichen Größen (z. B. von Städter)

Für ca. 25 Stück
Zubereitungszeit: 1–3 Stunden, je nach Lust und Laune
Backzeit: 20 Minuten

Erst der Teig: Schneide die Butter in Würfel. Trenne das Ei und bewahre das Eiweiß für den Guss auf. Mehl, Butter, Eigelb, Zucker und Lebkuchengewürz mit den Knethaken des Handrührgeräts zu einem glatten Teig verkneten. Es dauert eine Weile, bis der Teig eine feste Masse wird; er ist erst ganz krümelig, du brauchst beim Verkneten also etwas Geduld. Wickle nun den Teig in Frischhaltefolie und lege ihn für 30 Minuten in den Kühlschrank.

Inzwischen: Verteile die Zuckerdeko in verschiedene Schüsselchen. Heize den Backofen auf 180 Grad (Umluft 160 Grad) vor und belege 2 Backbleche mit Backpapier. Rolle den Teig auf einer bemehlten Arbeitsfläche aus und die Schneekristalle mit den Ausstechern ausstechen. Verteile die ausgestochenen Schneeflocken mit etwas Abstand auf den Blechen.

Nun das Backen: Die Schneeflocken im heißen Backofen 15–20 Minuten backen. Dann (mit Backhandschuhen!) herausnehmen und abkühlen lassen.

Fürs Verzieren: Verrühre für den Zuckerguss den Puderzucker, den Zitronensaft, etwas blaue Lebensmittelfarbe (nur ganz ganz wenig, bis der Guss zahnpastafarben ist) und das Eiweiß mit einem Schneebesen gut. Du kannst nun mit einem Backpinsel den Guss auf die Kekse streichen und mit dem Verzieren beginnen.

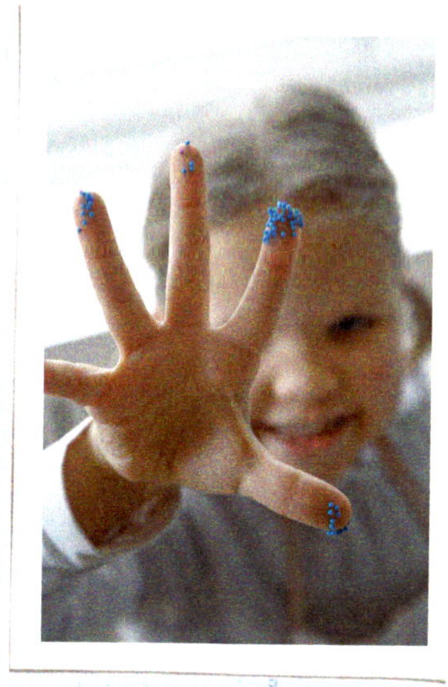

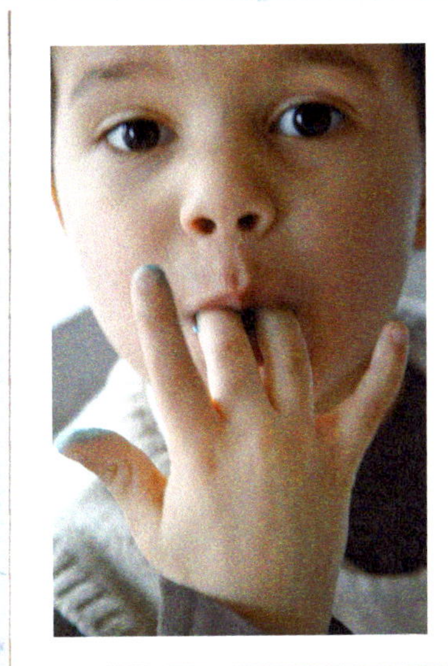

Kochen und Backen ist manchmal auch Mathematik: 7 Kugeln x 3 macht wie viele Kugeln? Richtig, insgesamt 21.

Hefe-Schneemänner

Für 7 Schneemänner
(wie bei den sieben Zwergen, hihi)
Zubereitungszeit: 2–3 Stunden

500 g Weizenmehl (Type 405)
120 g Zucker
¼ l Milch
20 g Butter
42 g frische Hefe (das ist 1 Würfel Hefe)
1 Eigelb
100 g gehackte Mandeln
75 g Marzipan
2 EL Orangensaft
30 g geraspelte Vollmilchschokolade
½ TL gemahlener Zimt
etwas Milch
100 g weiße Kuvertüre
100 g Kokosraspel
1 Karotte
einige Zuckerperlen als Augen

Erst der Hefeteig: Mehl und Zucker in eine Schüssel geben. Erwärme die Milch mit der Butter in einem Topf (lauwarm, nicht heiß werden lassen, das mag die Hefe nicht). Zerbrösle den Würfel Hefe zwischen den Fingern, das fühlt sich lustig an, ein bisschen wie Radiergummi, und riecht sehr besonders! Das Mehl, Zucker, die lauwarme Butter-Milch, die zerbröselte Hefe und das Eigelb mit den Knethaken des Handrührgeräts zu einem glatten Teig verkneten. Decke nun den Hefeteig mit einem sauberen Tuch ab und lass ihn 1 Stunde gehen. Das bedeutet, lass ihn an einem möglichst warmen Ort, z. B. auf der Heizung, in Ruhe stehen. Nach einer Stunde hat sich der Teig verändert, aber schaue selbst!

Während der Teig vor sich hingeht, kannst du die Füllung vorbereiten: Verknete die gehackten Mandeln, Marzipan, Orangensaft, Raspelschokolade und Zimt gut. Forme die Nussmasse zu 21 haselnussgroßen Kugeln. 2 Backbleche mit Backpapier auslegen. Nun den Hefeteig (oh, Überraschung: Der Teig ist fast doppelt so groß wie vorhin!) noch mal kurz durchkneten. Teile kleine Stücke davon ab, drücke das Teigstück in den Händen platt und lege eine kleine Nusskugel darauf. Nun formst du den Hefeteig in 3 unterschiedlichen Größen um die Nussmasse zu einer Kugel, sodass am Ende je 7 Kugeln in drei Größen vor dir liegen. Die Kugeln auf die Backbleche verteilen. **Wichtig:** Lass zwischen den Kugeln etwas Abstand, sonst kleben sie zusammen, wenn sie im Ofen aufgehen. Pinsle alle Kugeln mit etwas Milch ein (dadurch bekommen sie eine schönere Kruste). Den Backofen schon mal auf 180 Grad (Umluft 160 Grad) vorheizen. Backe die Hefekugeln im Backofen 15–20 Minuten. Nimm sie dann (mit Backhandschuhen!) heraus und lass sie abkühlen. Inzwischen die weiße Schokolade grob zerkleinern und in eine Edelstahlschüssel geben. Nun füllst du einen großen Topf mit Wasser und lässt es aufkochen. Dann ziehst du den Topf vom Herd, setzt die Edelstahlschüssel mit den Schokostücken darauf und lässt die Schokolade schmelzen; du brauchst nicht zu rühren.

Fortsetzung auf der nächsten Seite ...

Jetzt endlich Bauen: Verteile die Kokosraspel auf einem tiefen Teller. Streiche die weiße Schokolade mit einem Backpinsel rund um die Teigkugeln und wälze die Kugeln anschließend in den Kokosraspeln. Wie du es von echten Schneemännern kennst, werden 3 unterschiedlich große Kugeln zu einem Schneemann zusammengesetzt: Die größte Kugel als unterste aufstellen und obenauf etwas weiße Schokolade mit einem Löffel verteilen, das ist der Kleber. Setze jetzt die nächstkleinere Kugel darauf. Wieder ein Klecks Schokolade, und die kleinste Kugel bildet den Kopf. Nun bekommt der Schneemann sein Gesicht: Tauche 2 Zuckerperlen in die flüssige Schokolade und klebe sie als „Augen" an. Schäle die Karotte und schnitze sie zu kleinen Mininasen. Tauche sie ebenfalls in etwas „Schokoladenkleber" und klebe sie als Nase an. Den Hut kannst du aus Zeitungspapier falten. Es gibt aber jede Menge anderer Möglichkeiten für den Kopfputz: Vielleicht Muscheln, leere Nussschalen oder eine winzig kleine, umgedrehte Tasse?

Wusstest du schon, wie man einen Papierhut faltet? Das geht nämlich ganz einfach so:

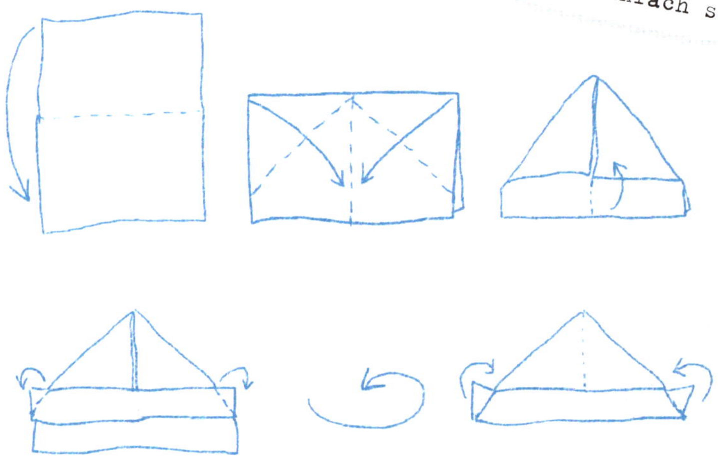

Schneeberge sind aus einem Makronenteig, und der Name Makronen leitet sich aus dem griechischen Wort „makarios" ab, was Glückseligkeit bedeutet.

Es ist beim Eischneeschlagen wirklich wichtig, dass die Schüssel sauber geputzt ist. Fett verhindert die Oberflächenspannung, dann wird das Eiweiß nicht steif.

Makronen-Schneeberge

Für 20 Schneeberge
Zubereitungszeit: 1 Stunde 30 Minuten, davon 45 Minuten Backzeit

- 4 mittelgroße Eier
- 100 g Puderzucker
- 100 g Kokosflocken
- 1 TL Zitronensaft

- etwa 20 Backoblaten (5 cm Durchmesser)

Los geht's: Trenne die Eier. Gib das Eiweiß und den Puderzucker in eine fettfreie Schüssel. Die Eigelbe füllst du in eine zweite Schale, die kannst du z. B. für Rühreier benutzen. Schlage dann das Eiweiß mit den Quirlen des Handrührgeräts etwa 5 Minuten zu einem festen Eischnee. Wenn du die Quirle herausnimmst, ist der Schnee sehr fest, so fest, dass du die Schüssel umdrehen kannst und der Schnee nicht rauspurzelt. Hebe vorsichtig die Kokosflocken und den Zitronensaft mit einem Teigschaber darunter. Die Backoblaten mit etwas Abstand auf das Backblech legen. Verteile jetzt die Kokos-Eischneemasse mit einem großen Löffel auf allen Oblaten.

Das Backen: Backe die Makronen im heißen Ofen bei 150 Grad (Umluft nicht geeignet) 45 Minuten. Nimm das Backblech dann aus dem Ofen und lass die Makronen abkühlen. Mmmh, die schmecken hervorragend!!

Hier könnt ihr mal genau sehen, welche einzelnen Zutaten sich im Lebkuchengewürz verstecken!

Pomeranzen-
Schalen
Muskatnuß
Nelken
Zimt
Cardamom
Frucht in der Schale
vermahlen
Ingwer
Sternanis
Zitrone

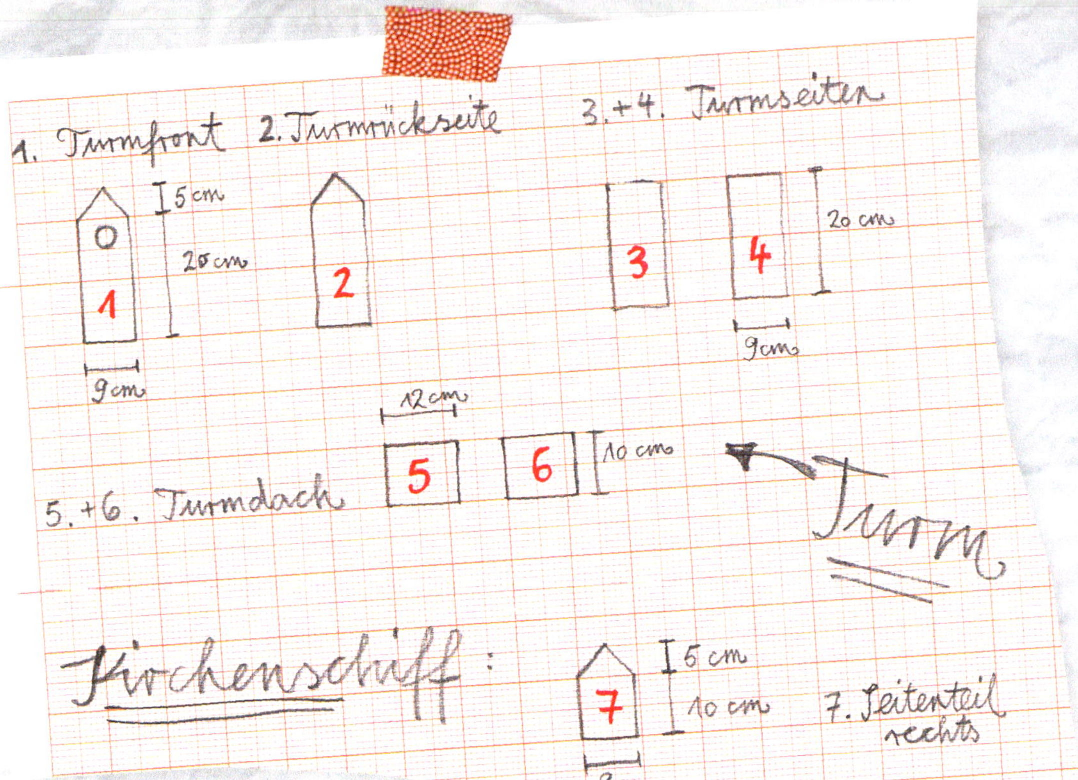

Diese Zeichnung überträgst du mit einem Lineal im Originalmaßstab auf Papier, am besten geht das auf Karo- oder Millimeterpapier.

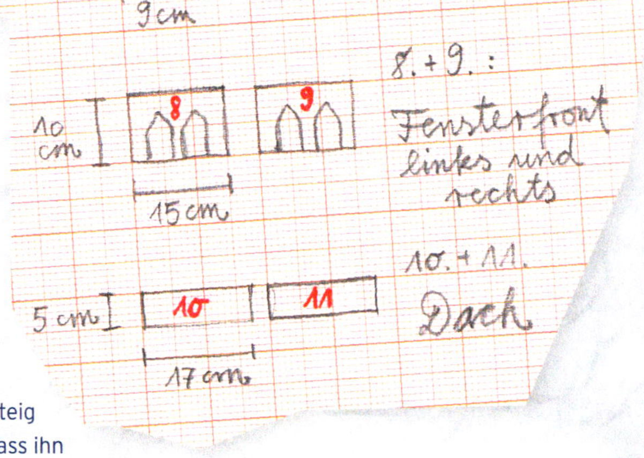

Als allererstes fertigst du wie oben beschrieben die Papierschablone für die Bauteile an. Dann kannst du mit dem Backen beginnen.

Erst der Teig: Bereite das Grundrezept Lebkuchenteig zu. Wickle dann den Teig in Frischhaltefolie und lass ihn 2 Stunden im Kühlschrank ruhen.

Dann das Backen: Den Backofen auf 200 Grad (Umluft 180 Grad) vorheizen. 2 Backbleche mit Backpapier belegen. Rolle den Teig auf einer bemehlten Arbeitsfläche etwa kinderdaumendick aus und schneide die Teile nach der Bauanleitung aus. Verteile die Teigstücke dann mit etwas Abstand auf die Bleche und streiche das Eiweiß mit einem Pinsel dünn auf. Backe sie im heißen Ofen 15 Minuten. Dann die Bleche (mit Backhandschuhen!) aus dem Ofen nehmen und die Lebkuchen abkühlen lassen.

Zum Zusammenbauen: Verrühre den Puderzucker, das Eiweiß und den Zitronensaft mit den Quirlen des Handrührgeräts zu einem glatten Guss. Zeichne auf die Backoblaten ganz dünn mit einem Bleistift die »Fenster« auf. Bestreiche die vorgezeichneten Fenster mit einem Pinsel mit etwas Guss und verteile auf die Fenster die kleinen bunten Smarties. Lass das dann gut trocknen. Wenn die Fenster trocken sind, bestreiche den restlichen Teil der Fenster mit Guss und klebe sie in den gebackenen Teil hinein, wo die Fenster vorgesehen sind. Setze jetzt die Kirche zusammen: Dafür streichst du alle Kanten, die miteinander verbunden werden, üppig mit Zuckerguss ein. Die Teile 1, 2, 3 und 4 als Kirchturm zusammensetzen. Die Teile 7, 8 und 9 als Kirchenschiff an dem Turm festkleben. Nun die Teile 5 und 6 für das Dach auf dem Kirchturm befestigen. Das Dach für das Kirchenschiff sind die Teile 9 und 10. Alles gut trocknen lassen. Streiche das Dach mit dem Guss ein und klebe die Smarties darauf.

winterliche SMARTIES-Kirche

Zubereitungszeit: 2–3 Stunden,
davon 15 Minuten Backzeit,
2 Stunden Pause dazwischen

1 Grundrezept Lebkuchenteig
von Seite 214
1 Eiweiß

FÜR DEN GUSS:
200 g Puderzucker
1 Eiweiß
2 EL Zitronensaft

ZUM VERZIEREN:
2 Backoblaten
100 g große und kleine
bunte Smarties

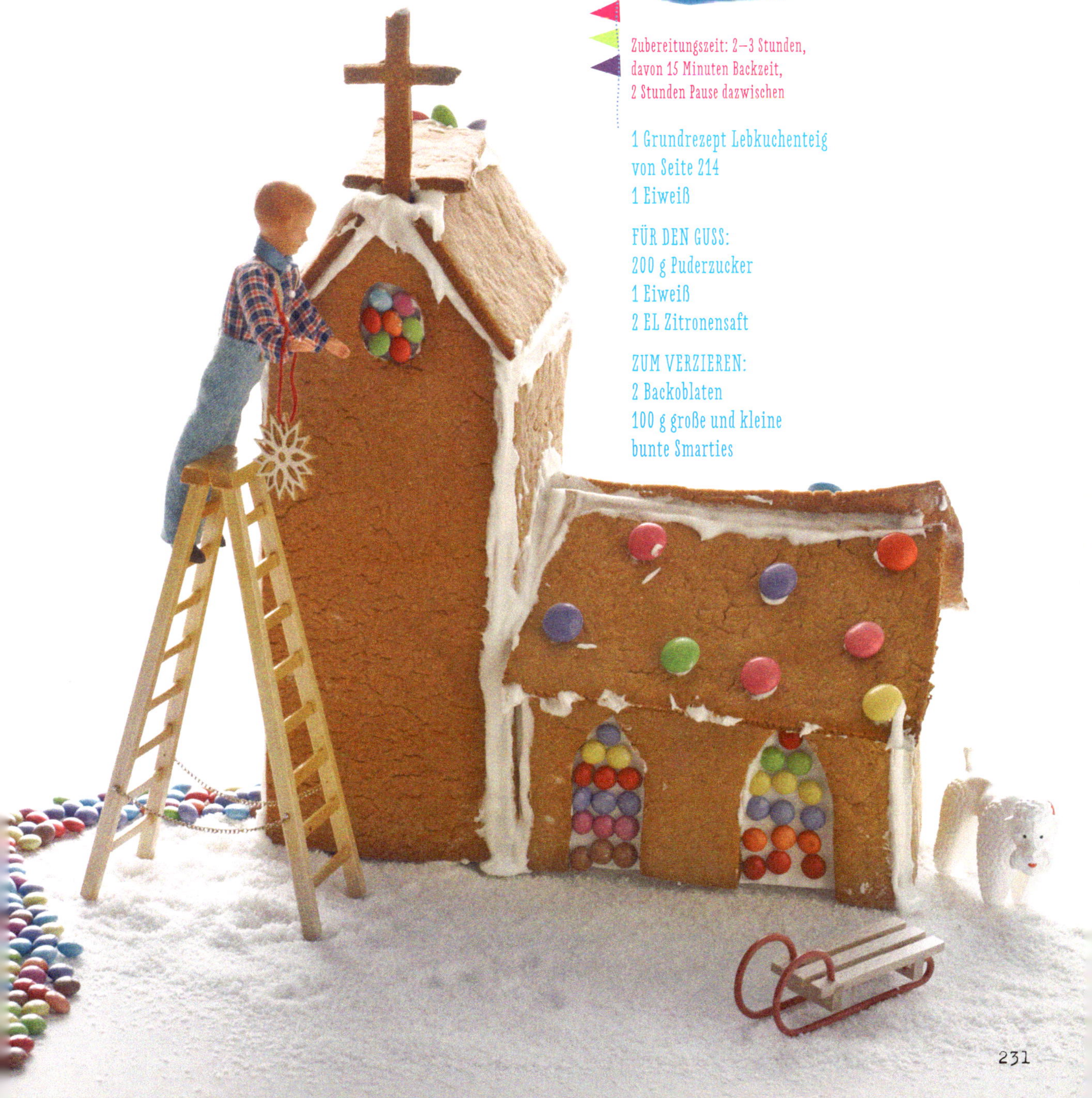

Heisse Landhaussuppe mit Knoblauchbaguette

Für 4–6 Portionen
Zubereitungszeit:
1 Stunde 15 Minuten

- 200 g tiefgekühlten Spinat
- 250 g Karotten
- 350 g Kartoffeln
- 1 mittelgroßer Kohlrabi
- 1 Zwiebel
- 1 kleiner Brokkoli
- 2 EL Öl
- ¼ TL Salz
- 2 TL Gemüsebrühepulver
- 350 ml Milch
- Pfeffer
- 1 Prise gemahlene Muskatnuss
- 2 Knoblauchzehen
- 4 Zweige Petersilie
- 60 g weiche Butter
- 1 Baguette

Das ist vorzubereiten: Nimm den Spinat aus dem Gefrierschrank. Schäle die Karotten, Kartoffeln und Kohlrabi und schneide sie in kleine Würfel (ungefähr so dick wie dein kleiner Finger). Nun schälst du die Zwiebel, würfelst sie und vergießt ein paar Tränen. Den Brokkoli mit einem Messer in ganz kleine Röschen teilen.

Und dann das Suppe-Kochen: Das Öl in einem Topf erhitzen, dann die Karotten-, Kartoffel-, Zwiebel- und Kohlrabiwürfel bei mittlerer Hitze (d. h. nicht zu heiß) anbraten. Dabei immer fleißig umrühren und aufpassen, dass nichts anbrennt. Verrühre 750 ml heißes Wasser, das Salz und Gemüsebrühepulver. Gib die Gemüsebrühe und die Milch zur Suppe, mit einem Deckel zudecken und 20 Minuten kochen lassen. Nach 15 Minuten (am besten einen Küchenwecker stellen) den Spinat und die Brokkoliröschen hinzufügen. Dann noch 5 Minuten zu Ende kochen und mit Salz, Pfeffer und Muskatnuss würzen.

Während die Suppe köchelt: Schäl den Knoblauch, zupfe die Petersilienblättchen ab und hacke beides fein. Dann schlägst du die Butter mit den Quirlen des Handrührgerätes schaumig und verrührst sie mit dem Knoblauch und der Petersilie. Das Baguette schneidest du so in Scheiben, dass es nicht ganz durchgeschnitten ist. Verteile in den Öffnungen die Butter mithilfe eines kleinen Löffels. Das Baguette in Alufolie wickeln und im heißen Ofen bei 200 Grad (Umluft 180 Grad) 10 Minuten backen.

Wiederhole mal, so oft du kannst:
Klaus Knopf liebt Knödel, Klöße, Klöpse –
Knödel, Klöße, Klöpse liebt Klaus Knopf!

Kartoffelsorten-Übersicht	Seite 239
Reibekuchen mit Apfelmus	Seite 240
Bratkartoffeln mit Spiegelei	Seite 241
Grundrezept Kartoffelteig	Seite 242
Kartoffelkuchen mit Schlagsahne	Seite 245
Süsskartoffelpüree mit Spinat und Ei	Seite 246
Kartoffel-Gemüse-Gratin	Seite 248
Gebackene Ofenkartoffel-Köpfe	Seite 249
Gnocchi mit Tomatensauce	Seite 250
Kartoffelklöße mit Pilzrahmsauce	Seite 251

KARTOFFEL
... die tolle Zauberknolle!
Der kleine Blumenfreund
EIN
AUS
RAUCH
EIN
AUS

Die Kartoffelpflanze hat ihre Kinderwiege in den Anden, das ist in Südamerika. Bei den alten Inkas hieß die Knolle „Papa“, und sie war dort schon sehr früh ein wichtiges Nahrungsmittel. (13 000 Jahre... wow das kann man sich gar nicht vorstellen, wie lange das schon her ist). Nun ist sie also schon lange weltweit berühmt und auch bekannt für ihre Nährstoffreichheit. Noch dazu ist sie unglaublich vielseitig in der Zubereitung. Grundsätzlich unterscheidet man zwischen festkochenden und mehligkochenden Kartoffelsorten: Festkochend heißt, dass die Kartoffel, wenn sie fertig gekocht ist, nicht zerfällt und sich gut in Scheiben schneiden lässt. Mehligkochend bedeutet, dass die Kartoffel zerfällt, was bei Gerichten wie Kartoffelpüree sogar erwünscht ist. Für Bratkartoffeln beispielsweise wären sie nicht geeignet.

Bamberger Hörnchen
(die muss man nicht schälen,
nur abbürsten. Gut im Salat
und als gekochte Kartoffel)
Blauer Schwede
(festkochend, gut geeignet
für Pommes und Chips)
Rosara
(vorwiegend festkochend, für Salat, Pommes)
Ofenkartoffel
(wie der Name schon sagt:
gut zum Backen im Ofen)
Süsskartoffel
(der Tausendsassa: eignet sich zum Kochen,
Backen , Braten, Frittieren, eigentlich für alles)
Mehligkochende Kartofffeln
(geeignet für Suppen, Püree und Kuchen)
Neue Kartoffeln
(heißen so, weil sie frisch aus der ersten Ernte des
Jahres stammen, darum schmecken sie auch
besonders gut. Sie eignen sich
bestens als Pellkartoffeln)

REIBEKUCHEN
mit Apfelmus

Für 4–6 Portionen
Zubereitungszeit: 1 Stunde

800 g Kartoffeln
1 mittelgroßes Ei
2 EL feine Haferflocken
Salz, Pfeffer
frisch gemahlene Muskatnuss
5 EL Sonnenblumenöl
1 großes Glas Apfelmus

Erst der Teig: Als Erstes schälst du die Kartoffeln. Reibe sie auf der feinen Seite der Küchenreibe. Drücke die geriebenen Kartoffeln mit den Händen gut aus, da kommt viel Wasser raus. Das Wasser gießt du weg. Jetzt das Ei, die Haferflocken, Salz, Pfeffer und Muskatnuss hinzufügen. Alles gut vermischen.

Dann das Backen: Den Backofen auf 180 Grad (Umluft 160 Grad) vorheizen. Das Öl in einer großen beschichteten Pfanne erhitzen. Backe aus dem Teig 16 kleine Reibekuchen. Setze dafür jeweils 1 EL Teig in die Pfanne und brate die Küchlein von beiden Seiten goldbraun. Die fertigen Reibekuchen legst du auf ein Backblech. Wenn alle fertig sind, schiebst du das Blech in den Ofen und bäckst die Reibekuchen weitere 10 Minuten, sodass sie knusprig und gar sind. Serviere die Reibekuchen mit dem Apfelmus, lecker!

BRAT-KARTOFFELN
mit Spiegelei und Schinken

Für 4 Portionen
Zubereitungszeit: 1 Stunde

750 g festkochende Kartoffeln
1 Zwiebel
6 Scheiben Schwarzwälder Schinken
je 1 Zweig Petersilie, Minze, Kerbel und Dill
3 EL Sonnenblumenöl
4 mittelgroße Eier
Salz, Pfeffer, frisch gemahlene Muskatnuss

Erst das Kartoffelkochen: Zuerst kochst du die Kartoffeln mit der Schale in einem Topf mit Wasser zugedeckt 25 Minuten. Gieße sie in ein großes Küchensieb und lass sie abkühlen. Das kannst du auch schon einen Tag vorher erledigen, so lassen sie sich richtig gut schneiden.

So geht´s weiter: Die Zwiebel schälen und in Würfel schneiden. Die Kartoffeln in Scheiben und den Schinken in Streifen schneiden. Zupfe von den Kräutern die Blätter ab und hacke sie fein. Erhitze das Öl in einer beschichteten Pfanne (dann kleben die Kartoffeln nicht in der Pfanne fest!). Brate die Kartoffeln, den Schinken und die Zwiebeln an. Wenn alles rundherum schön knusprig ist (das dauert etwa 5-7 Minuten), mit Salz, Pfeffer und etwas Muskatnuss würzen. Schlage dann die Eier am Pfannenrand auf und gib sie zu den Bratkartoffeln. Decke die Pfanne mit einem Deckel zu und gare alles bei geringer Hitze 5 Minuten weiter. Zum Schluss gibst du die Kräuter darüber. Lecker!!!!!

KARTOFFEL-Teig

(für die Rezepte auf Seite 250 und 251)

Für 4 Portionen
Zubereitungszeit: 1 Stunde

- 500 g Kartoffeln
- 1 Eigelb
- 125 g Hartweizengrieß
- Salz, Pfeffer

Kartoffel- oder Spätzlepresse

Koche und schäle die Kartoffeln am besten einen Tag vorher, dann wird der Teig noch besser, weil die Kartoffeln nicht mehr feucht sind.

So geht der Teig: Die Kartoffeln mit kaltem Wasser waschen, in einen Topf geben und mit Wasser bedecken. Koche sie für etwa 30 Minuten, bis sie weich sind. Wenn die Kartoffeln gar sind, gießt du sie ab und lässt sie ausdampfen. Dann schäl sie und presse sie durch eine Kartoffelpresse. Füge das Eigelb und den Grieß hinzu, Salz und Pfeffer auch noch und verknete alles schön mit den Händen. Das ist eine warme, weiche Masse - krempele dafür die Ärmel hoch. Decke den Teig mit Frischhaltefolie ab und lass ihn 30 Minuten ruhen. Du kannst daraus entweder Kartoffelklöße oder Gnocchi machen.

Schon mal ausprobiert? Aus einer halbierten Kartoffel kannst du ganz wunderbar mit einem kleinen Küchenmesser einen Stempel schnitzen! Natürlich vorsichtig, damit du dir nicht in den Finger schneidest ... Deine fertigen Stempel kannst du mit Tusche oder Plakafarbe betupfen und dann direkt hier testen!

KARTOFFEL-KUCHEN

mit Schlagsahne

Für 1 Blech (etwa 16 Stücke)
Zubereitungszeit: 3–4 Stunden

400 g mehligkochende Kartoffeln
100 g Weizenmehl
100 g gemahlene Mandeln
1 TL Backpulver
1 unbehandelte Orange

4 Eier (mittlere Größe)
100 g Zucker
1 Prise Salz
100 g Butter
1 EL Puderzucker
200 ml Schlagsahne

So geht der Teig: Als Erstes kochst du die Kartoffeln; dazu gibst du sie mit der Schale in einen Topf, bedeckst sie mit kaltem Wasser und lässt sie 25 Minuten kochen. Dann gießt du sie in ein Sieb ab und lässt sie abkühlen. Während die Kartoffeln abkühlen, Mehl, Mandeln und Backpulver mischen. Nun schälst du die Kartoffeln und reibst sie auf einer feinen Küchenreibe. Die Orangenschale ebenfalls fein abreiben und den Saft auspressen. Jetzt schlägst du die Eier mit Zucker und Salz mit den Quirlen des Handrührgeräts auf. Die Butter lässt du in einem kleinen Topf schmelzen und gießt sie in die Eiermasse. Anschließend die Mehlmischung, Orangenschale und -saft hinzufügen und alles gut verrühren.

Dann geht's ans Backen: Den Backofen auf 175 Grad (Umluft 160 Grad) vorheizen. Fette ein Backblech, verteile den Teig darauf und streiche ihn glatt. Den Kuchen in den Ofen schieben und etwa 45 Minuten backen. Dann das Blech (mit Backhandschuhen!) aus dem Ofen nehmen und den Kuchen abkühlen lassen. Während der Kuchen abkühlt, die Sahne mit den Quirlen des Handrührgeräts steif schlagen. Den Kuchen mit etwas Puderzucker bestreuen und in Stücke schneiden. Die geschlagene Sahne dazu reichen.

SÜSSKARTOFFELPÜREE

mit Spinat und gekochten Eiern

FÜR DAS SÜSSKARTOFFELPÜREE:
500 g mehligkochende Kartoffeln
500 g Süßkartoffeln
180 ml Milch
60 g Butter
Salz, Pfeffer, gemahlene Muskatnuss
4 mittelgroße Eier

FÜR DEN SPINAT:
1 Zwiebel
1 Knoblauchzehe
300 g Spinat
2 EL Olivenöl
2 EL Mandelblättchen
3 EL Schlagsahne

Für 4 Portionen
Zubereitungszeit: 1 Stunde

Erst das Püree: Schäle die Kartoffeln und die Süßkartoffeln, halbiere die Kartoffeln und schneide die Süßkartoffeln so, dass du ungefähr gleich große Stücke wie die Kartoffeln hast. Gib sie in einen Topf mit gesalzenem Wasser, setze den Deckel auf und koche sie 25 Minuten. Dann das Wasser abgießen und die Kartoffeln mit einem Kartoffelstampfer zerstampfen. Erhitze die Milch und die Butter. Rühr sie mit dem Schneebesen unter die zerstampften Kartoffeln und würze alles mit Salz, Pfeffer und Muskatnuss.

Nun die Eier: Die Eier 6 Minuten in einem kleinen Topf mit kochendem Wasser kochen, am besten einen Küchenwecker stellen. Danach schreckst du sie mit kaltem Wasser ab (sie lösen sich so besser aus der Schale), schälst sie und schneidest sie in Achtel.

So geht der Spinat: Schäle die Zwiebel und würfle sie. Auch den Knoblauch schälen und durch eine Knoblauchpresse drücken. Den Spinat in kaltem Wasser waschen, die Stiele entfernen und in einem Sieb abtropfen lassen. Dann das Olivenöl in einem Topf erhitzen und die Zwiebelwürfel und den gehackten Knoblauch anschwitzen. Füge den Spinat, die Mandelblättchen und die Sahne hinzu, decke den Topf mit einem Deckel zu und lass alles 5 Minuten kochen. Nicht erschrecken, der Spinat schrumpft ganz schön zusammen … Dann würzt du den Spinat mit Salz, Pfeffer und Muskatnuss und reichst ihn mit dem Püree und den Eiern.

Glück, Glück, Glück, jeden Tag ein Stück, jeden Tag ein Ei und sonntags auch mal zwei.

Durch das Einfetten der Form kannst du das Gratin später besser herauslösen.

KARTOFFEL-GEMÜSE-Gratin

Für 4–6 Portionen
Zubereitungszeit: 1 Stunde 30 Minuten, davon 40 Minuten Backzeit

1 Knoblauchzehe
150 ml Schlagsahne
¼ l Milch
Salz, Pfeffer
frisch gemahlene Muskatnuss
500 g Kartoffeln
20 g weiche Butter
1 kleiner Kopf Brokkoli
¼ Blumenkohl
1 rote Paprikaschote
1 kleine Dose Mais (140 g)
50 g geriebener Käse

Alufolie zum Abdecken

So geht's: Schäle die Knoblauchzehe und hacke sie fein. Koche die Sahne, die Milch und die gehackte Knoblauchzehe auf. Mit Salz, Pfeffer und Muskatnuss würzen. Die Kartoffeln schälen und in eine Schüssel mit kaltem Wasser geben. Dann fettest du die Auflaufform mit der weichen Butter ein (oder mehrere kleine Aufaufförmchen). Heize den Ofen auf 200 Grad (Umluft 180 Grad) vor. Den Brokkoli und den Blumenkohl in kleine Röschen schneiden. Halbiere die Paprikaschote, entkerne und würfle sie. Die Kartoffeln schneidest du in dünne Scheiben. Lass den Mais in einem Sieb gut abtropfen.
Mische die Kartoffelscheiben, den Mais und das Gemüse und fülle alles in die Form. Gieße die Sahne darüber und streue den Käse darauf.

Das Backen: Schiebe nun das Gratin in den heißen Ofen bei 190 Grad (Umluft 170 Grad) und backe es 40 Minuten. Am besten einen Küchenwecker stellen. Nach der Hälfte der Garzeit, also nach 20 Minuten, deckst du die Form mit Alufolie ab. Wenn es fertig ist, hole das Gratin (mit Backhandschuhen!) aus dem Ofen und lass es einen Moment abkühlen. Dann kannst du es mit deinen Freunden oder deiner Familie essen. Guten Appetit!

Gebackene OFENKARTOFFEL-KÖPFE mit Kräuterquark

Für 4 Portionen
Zubereitungszeit:
1 Stunde 30 Minuten,
davon 1 Stunde Backzeit

4 große Kartoffeln (je 250 g)
1 rote Paprika
1 kleine Dose Mais (285 g)
1 kleiner Kopf Brokkoli
Salz

FÜR DEN KRÄUTERQUARK:
1 Bund Petersilie
200 g Speisequark
2 EL Zitronensaft
4 EL Milch
Salz, Pfeffer

Alufolie

Erst die Kartoffelgesichter: Die Kartoffeln mit kaltem Wasser waschen. Schneide eine Seite der Kartoffel für die Gesichtsfläche frei. Nun schnitzt du mit einem kleinen Messer Augen, Augenbrauen, Nase und Mund vor.
Die Paprika halbieren, entkernen und ¼ der Paprika in Stifte für Augenbrauen und Mund schneiden (die restliche Paprika kannst du während der Zubereitung roh verputzen oder für ein anderes Gericht verwenden). Den Mais lässt du gut abtropfen.
Schneide den Brokkoli in kleine Röschen. Den Backofen auf 200 Grad (Umluft 180 Grad) vorheizen.
Dann machst du mit den Paprikastiften, dem Mais und den Brokkoliröschen Gesichter auf die Kartoffeln. Salzen. Wickle die Kartoffeln einzeln in Alufolie und lege sie auf ein Backblech. Sie backen jetzt im Ofen 1 Stunde.
Nun hast du Zeit für den Quark: Während die Kartoffeln backen, kannst du die Petersilie waschen, trocken schütteln und fein hacken. Gib Quark, Zitronensaft, Milch, Salz, Pfeffer und die gehackte Petersilie in eine Schüssel und verrühre alles gut. Fertig ist der Quark und nun auch bald die Ofenkartoffeln! Du kannst sie mit dem Quark und den restlichen Maiskörnern servieren.

Gnocchi ist das italienische Wort für „Nocken“ und etwas kompliziert auszusprechen, das können oft auch Erwachsene nicht. „Njòkki“ würde ich sagen.

GNOCCHI mit Tomatensauce

Für 4–6 Portionen
Zubereitungszeit: 2 Stunden und etwas Geduld

FÜR DIE GNOCCHI:

1 Rezeptmenge Kartoffelteig (siehe Seite 242)
4 EL Weizengrieß zum Ausrollen
1 TL Salz

FÜR DIE TOMATENSAUCE:

1 Zwiebel
1 Knoblauchzehe
2 Zweige Thymian
2 EL Olivenöl
1 Dose gehackte Tomaten (425 ml)
Salz, Pfeffer

So rollst Du die Gnocchi: Du machst den Kartoffelteig wie im Grundrezept beschrieben. Während der Teig ruht, kannst du schon die Sauce zubereiten. Für die Gnocchi streue etwas Grieß auf eine Arbeitsfläche. Halbiere den Teig und rolle ihn zu zwei langen Rollen (etwa so lang wie dein Unterarm). Dann mit einem Messer daumendicke Stücke von der Rolle abschneiden. Drücke diese mit einer Gabel flach (durch das Gabelmuster können die Gnocchi die Sauce besser aufnehmen). Dann einen großen Topf mit Wasser und 1 TL Salz aufkochen, die Gnocchi mit einer Schaumkelle ins kochende Wasser geben, die Herdpalatte ausschalten und die Gnocchi 5 Minuten ziehen lassen. Wenn sie gar sind, schwimmen sie oben. Jetzt nimmst du sie mit der Schaumkelle heraus und servierst sie mit der Tomatensauce.

Für die Tomatensauce: Die Zwiebel schälen und in feine Würfel schneiden. Auch den Knoblauch schälen und fein hacken. Die Blättchen von den Thymianzweigen abzupfen (riecht toll!). Dann erhitzt du in einem Topf das Öl und röstest Zwiebel, Knoblauch und Thymianblättchen an. Gib die gehackten Tomaten dazu und lass die Sauce 5 Minuten bei mittlerer Hitze zugedeckt köcheln. (Der Deckel ist wichtig, sonst spritzt die Sauce aus dem Topf.) Zum Schluss die Sauce noch mit Salz und Pfeffer abschmecken.

KARTOFFEL-KLÖßE mit Pilzrahmsauce

Für 4 Portionen
Zubereitungszeit: etwa 2 Stunden

1 Rezeptmenge Kartoffelteig (siehe Seite 242)

FÜR DIE FÜLLUNG:
- 3 Scheiben Toastbrot
- 2 EL Olivenöl

FÜR DIE PILZRAHMSAUCE:
- 300 g Champignons
- 1 Zwiebel
- 1 Knoblauchzehe
- 1 EL Öl
- 1 TL Gemüsebrühepulver
- 150 ml Schlagsahne
- ½ Bund Schnittlauch

Für die Klöße: Du machst den Kartoffelteig, wie im Rezept auf Seite 242 beschrieben. Während der Teig ruht, kannst du schon für die Füllung die Toastbrotscheiben in kleine Würfel schneiden. Erhitze das Öl in einer Pfanne und röste die Toastbrotwürfel. Dabei immer wieder umrühren, denn sie verbrennen sehr schnell. Die Brotwürfel mit Salz und Pfeffer würzen. Teile den Kartoffelteig in 4 Teile und rolle daraus 4 Kugeln. In die Mitte machst du mit dem Finger eine Mulde, drückst einige Brotwürfel hinein und verschließt die Knödel wieder. Setze nun einen Topf mit Wasser auf und lass es aufkochen. Die Knödel hineingeben und bei geringer Hitze 10 Minuten ziehen lassen. Dann nimmst du sie mit einer Schaumkelle aus dem Wasser.

Für das Pilzragout: Putze die Pilze und viertle sie mit einem kleinen Messer. Schäle die Zwiebel und den Knoblauch, die Zwiebel schneidest du in feine Würfel, den Knoblauch drückst du durch eine Knoblauchpresse. Das Öl in einer Pfanne erhitzen und Zwiebel und Knoblauch anschwitzen. Füge dann die Pilze hinzu und brate sie 5 Minuten bei mittlerer Hitze. Verrühre nun mit einem Schneebesen 100 ml warmes Wasser mit dem Gemüsebrühepulver. Gib die Gemüsebrühe und die Schlagsahnen zu den Pilzen und lass alles 5 Minuten offen kochen. Die Sauce mit Salz, Pfeffer und Paprikapulver würzen. Die Knödel mit dem Pilzragout servieren. Den Schnittlauch in Röllchen schneiden und zusammen mit den restlichen Brotwürfeln darüberstreuen.

Mir geht´s
nicht gut ...

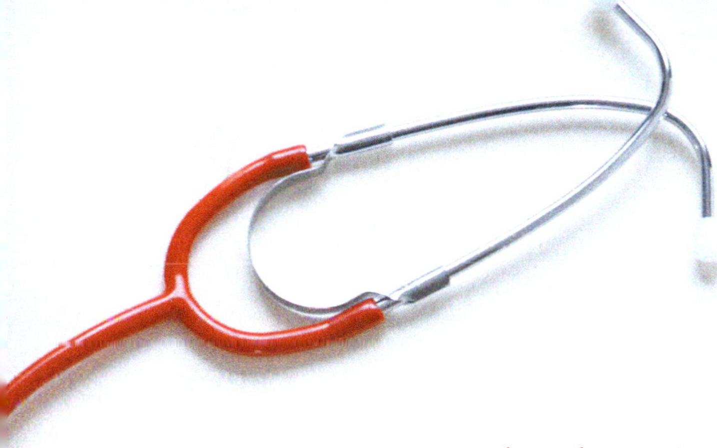

Rezepte für kranke Kinder und Hasen:

Hühnersuppe mit Buchstabennudeln	Seite 254
Gesundungs-Orangen-Sandkuchen	Seite 256
Heiße Zitrone	Seite 258
Erste Hilfe-Smoothie	Seite 260
Frischgepresster Z.O.K.	Seite 261
Husten-weg-Zwiebelsaft	Seite 262
Kamille-Minz-Tee	Seite 263
Johannisbeer-Thymian-Tee	Seite 263
Heilkräuter-Übersicht	Seite 264

Diese Rezepte kannst du für deine Familie oder auch für Freunde machen, wenn die mal krank sind. Bist du selbst krank, lässt du dich besser von anderen bekochen!

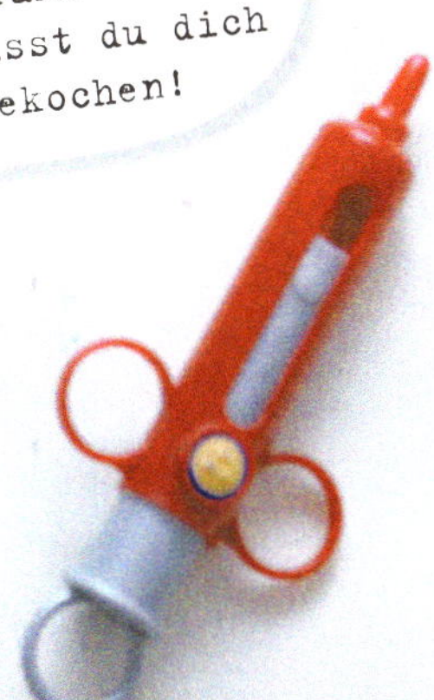

Hühnersuppe mit Buchstabennudeln

Für 1 l Suppe
Zubereitungszeit: 2 Stunden

- 1 Zwiebel
- 1 Bund Suppengrün
- ½ Huhn (möglichst Bioqualität)
- 2 Lorbeerblätter
- 1 TL Salz
- 1 Zweig Thymian
- 200 g Karotten
- 100 g Buchstabennudeln

So geht die Brühe: Schäle die Zwiebel und halbiere sie. Schäle das Suppengrün und schneide es in grobe Stücke. Erhitze einen Topf, röste die Zwiebel (ohne Fett) an, bis sie dunkelbraun wird. Nun gießt du 1,5 Liter Wasser auf und fügst das Huhn hinzu. Das Suppengrün, Lorbeerblätter, Salz und Thymian auch mit in den Topf geben. Decke den Topf mit einem Deckel zu und lass die Suppe 1 Stunde bei geringer Hitze köcheln. Jetzt die Brühe durch ein Sieb gießen. Das Hühnchenfleisch zupfst du von den Knochen ab. Schäle die Karotten und schneide sie in feine Würfel.

Nun die Einlage: Koch die Suppe nochmals auf und gib die Buchstabennudeln, die Karottenwürfel und das Hühnchenfleisch dazu. 10 Minuten zugedeckt kochen lassen. Dann heiß servieren, aber nicht zu heiß, sodass du sie gut essen kannst. Sicher bist du morgen schon wieder gesund.

GUTE BESSERUNG!

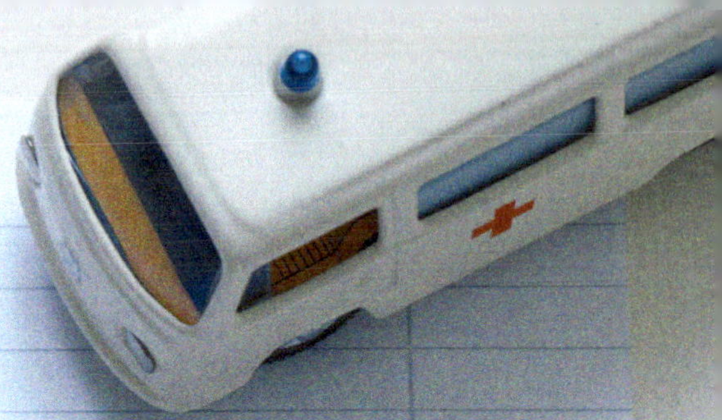

Gesundungs-Orangen-Sandkuchen

Für 8 kleine Kuchen
Zubereitungszeit: 1 Stunde 30 Minuten,
davon 25 Minuten Backzeit

2 unbehandelte Orangen
250 g weiche Butter
125 g Zucker
1 Prise Salz
4 mittelgroße Eier
250 g Mehl
1 TL Backpulver
50 g Speisestärke
50 g gemahlene Mandeln
75 ml Orangensaft

FÜR DEN GUSS:
75 g Puderzucker
2 EL Zitronensaft
3 rote Fruchtgummischnecken

8 kleine Mini-Backförmchen
(oder 8 Muffinförmchen im Muffinblech)

Erst der Teig: Reibe die Orangenschale einer Orange mit der feinen Seite der Küchenreibe ab. Dann beide Orangen schälen und das Fruchtfleisch in Würfel schneiden. Mit den Quirlen des Handrührgeräts rührst du Butter, Zucker, Salz und die abgeriebene Orangenschale schaumig. Füge nacheinander einzeln die Eier hinzu. Mische Mehl, Backpulver, Speisestärke, Mandeln und Orangensaft in einer Schüssel. Rühre die Mehlmischung in den Teig. Jetzt noch die Orangenwürfel darunterrühren. Dann füllst du den Teig in 8 kleine Backförmchen.
Nun das Backen: Heize den Backofen auf 180 Grad (Umluft 160 Grad) vor. Backe die Kuchen 25 Minuten (Küchenwecker stellen). Nimm dann die Kuchen aus dem Ofen und lass sie abkühlen.
Das Verzieren: Für den Guss rührst du Puderzucker und Zitronensaft mit einem Schneebesen glatt. Verteile den Guss auf den 8 Kuchen. Nun schneidest du die roten Fruchtgummischnecken in Stücke und setzt diese als rote Kreuze auf die Kuchen.

Heiße Zitrone

Für eine grosse Tasse
Zubereitungszeit: 10 Minuten

1 Zitrone
2 TL Honig

So geht's: Presse den Saft der Zitrone mit einer Zitronenpresse aus. Nun kochst du 300 ml Wasser im Wasserkocher auf. Gieß das heiße Wasser und den Zitronensaft in ein Teeglas oder einen Becher. Rühre mit einem Löffel den Honig hinein. Gute Besserung, Schniefnase!

Erste Hilfe-Smoothie

Für 1 Getränk
Zubereitungszeit: 15 Minuten

- 1 Banane
- ¼ TL gemahlener Zimt
- 100 g Naturjoghurt
- 50 ml Wasser
- 1 EL feine Haferflocken
- 1 EL Zitronensaft

So geht's: Schneide die Banane in Stücke. Fülle die Bananenstücke, Zimt, Joghurt, Wasser, Haferflocken und Zitronensaft in ein hohes Gefäß (z. B. einen Messbecher) und mixe alle Zutaten mit einem Pürierstab.

Frischgepresster Z.O.K.

Für 2 Drinks
Zubereitungszeit: 30 Minuten

- 4 Karotten (falls du keinen Entsafter hast, kannst du auch ¼ l gekauften Karottensaft nehmen)
- 1 Zitrone
- 1 Orange

So geht's: Gib die Karotten in einen Entsafter. Halbiere die Zitrone und die Orange und presse den Saft mit einer Zitruspresse aus. Mixe dann alles zusammen. Das schmeckt super, und du bist schon fast wieder gesund!

Ein fest verschließbares Glas ist wichtig, denn Zwiebeln riechen sehr intensiv.

Husten-weg-Zwiebelsaft

Für 20 EL Zwiebelsaft
Zubereitungszeit: 20 Minuten
und 1 Nacht zum Ziehenlassen

2 Zwiebeln
50 g Zucker

1 Glas mit Schraubverschluss

So geht's: Du schälst 2 Zwiebeln und schneidest sie in Würfel. Gib sie dann mit dem Zucker in ein Glas und verschraube das Glas gut. Das Glas über Nacht in den Kühlschrank stellen. Am nächsten Morgen kannst du den Glasinhalt durch ein Sieb geben, den Zwiebelsaft fängst du dabei auf. Dieser macht deinen Husten weg, wenn du morgens, mittags und abends einen Esslöffel davon nimmst.

Kamille-Minz-Tee

Für eine große Tasse
Zubereitungszeit:
15 Minuten

1 TL getrocknete Kamillenblüten
1 TL getrocknete Minze
1 TL Honig

So geht's: Fülle die Kamillenblüten und die Minze in ein Teesieb. Gieße dann ¼ l heißes Wasser in ein Glas, gib das Teesieb dazu und lass den Tee 6 Minuten ziehen. Dafür stellst du dir am besten einen Küchenwecker. Dann gibst du noch den Honig dazu und schon bist du fast wieder gesund.

Johannisbeer-Thymian-Tee

Für eine grosse Tasse
Zubereitungszeit:
10 Minuten

100 ml roter Johannisbeersaft
200 ml Wasser
1 Zweig Thymian

So geht's: Koche den Johannisbeersaft und das Wasser in einem Topf auf, gib dann den Thymianzweig dazu und lass den Tee zugedeckt 5 Minuten ziehen.
Fülle ihn in ein Teeglas und trinke ihn warm, aber nicht ganz heiß.

Diese Heilmittel aus der Natur helfen dir, schnell wieder gesund zu werden:

Thymian

hilft bei Husten, Erkältung und bei Entzündungen

Kamille

ist ein Tausendsassa und hilft dir bei Erkältungen, Bauchweh, Husten, Mandelentzündung, Durchfall und Fieber

Zitrone

bringt dich und dein Immunsystem mit viel Vitamin C wieder auf Trab

Fenchelsamen

helfen bei Bauchweh, Kopfschmerzen, Husten und bei der Pupseritis

Pfefferminze

hilft bei Übelkeit, Bauchweh, Grippe

Lavendel

hilft bei Kopfschmerzen, Husten und bei entzündeten Wunden

Salbei
hilft bei Halsschmerzen und Halsentzündung
Ingwer
hilft gegen Übelkeit und Bauchweh
Zitronen-melisse
hilft bei Husten, Grippe, Kopfschmerzen, Zahnschmerzen
Zitronen-verbene
hilft bei Bauchweh

Falsche Berliner Seite 268
Disko-Schoko-Kugeln Seite 268
Silvester-Ananas-Bowle Seite 271
Kinder-Silvester-Fondue Seite 272
Nudel-Lollies Seite 277
Glückskekse Seite 279
Fünf-vor-Zwölf-Muffins Seite 281
Marzipan-Glückstiere Seite 282

Wir feiern
Silvester

Falsche Berliner

Für 8 Berliner
Zubereitungszeit: 2 Stunden

500 g Weizenmehl (Type 405)
85 g Zucker
¼ l Milch
20 g Butter
5–6 Fäden Safran
½ Würfel frische Hefe
(1 Würfel Hefe hat immer 42 g, also brauchst du 21 g Hefe)
1 Eigelb
4 EL Himbeermarmelade
30 g Marzipanrohmasse

FÜR DEN GUSS:
75 g Puderzucker
2 EL Zitronensaft
2 EL Zuckerstreusel

1 große Spritze mit 20 ml Inhalt (die bekommst du in der Apotheke)

Erst der Teig: Mehl und Zucker schon mal in eine Schüssel geben. Erwärme dann die Milch (fingerwarm, lass sie nicht heiß werden) und gib die Butter und die Safranfäden in den Topf zur Milch. Zerbrösle den Hefewürfel zwischen den Fingern, das fühlt sich lustig an, ein bisschen wie Radiergummi, und riecht sehr besonders! Gib die lauwarme Butter-Safran-Milch, die zerbröselte Hefe und das Eigelb in die Schüssel zu Mehl und Zucker und knete mit den Knethaken des Handrührgeräts alles zu einem glatten Teig. Den so entstandenen Hefeteig deckst du mit einem sauberen Tuch ab und lässt ihn 1 Stunde gehen. Das bedeutet, du lässt ihn an einem möglichst warmen Ort, z. B. auf der Heizung, in Ruhe stehen, und schaust später nach, was passiert ist. Ein Backblech mit Backpapier belegen. Forme dann 8 Kugeln aus dem Teig und verteile sie auf dem Backblech.
Wichtig: Lass zwischen den Kugeln Abstand, sonst kleben sie zusammen, wenn sie im Ofen aufgehen. Lass die Teigkugeln weitere 30 Minuten gehen. In der Zwischenzeit kannst du vielleicht das Fondue oder ein weiteres Silvesterrezept vorbereiten. 10 Minuten vor Ende der Gehzeit den Backofen schon mal auf 180 Grad (Umluft 160 Grad) vorheizen.
Nun das Backen: Backe die Hefekugeln 15–20 Minuten im Backofen. Nimm sie dann (mit Backhandschuhen!) aus dem Ofen und lass sie abkühlen. Erwärme die Marmelade in einem kleinen Topf. Fülle die Marmelade in die große Spritze hinein. Dann spritzt du an einer Seite jeweils etwas Marmelade in die Teigkugeln und verschließt das Loch mit etwas Marzipan.
Für den Guss: Verrühre den Puderzucker und den Zitronensaft gut mit einem Schneebesen. Bestreiche die Berliner damit und bestreue sie mit einigen Zuckerstreuseln.

Disko-Schoko-Kugeln

Für 20–25 Kugeln
Zubereitungszeit: 1 Stunde plus 30 Minuten Kühlzeit

200 g Vollmilchschokolade
75 ml Milch
1 EL Erdnussbutter
100 g gemahlene Mandeln
50 g farbiger Dekorzucker (blau oder violett; falls es keinen farbigen Zucker gibt, geht es auch mit normalem Haushaltszucker)

20–25 Holzstiele

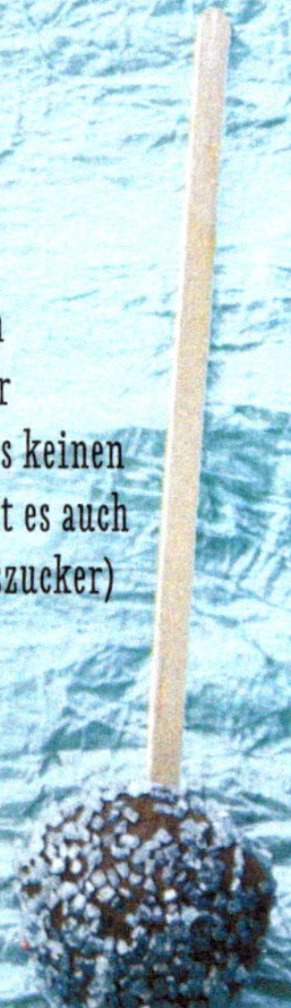

Erst die Schokoladenmasse: Die Vollmilchschokolade in kleine Stücke brechen. Erwärme die Milch mit der Erdnussbutter in einem Topf. Ziehe den Topf dann von der Herdplatte. Füge die Schokolade hinzu und lass sie ganz langsam schmelzen. Mische die Mandeln unter die geschmolzene Schokoladenmasse. Diese Masse im Kühlschrank abkühlen lassen (das dauert etwa 30 Minuten).
So werden's Disko-Schoko-Kugeln: Wenn die Masse gut zu rollen ist, formst du daraus 20–25 Kugeln und wälzt sie ausgiebig im farbigen Zucker. Setze dann jede Kugel auf einen Stiel.

Safranfäden sind die Blütenstempel von einer Krokus-Art, und werden als Gewürz verwendet. Das Rezept funktioniert auch ohne Safran, aber es wird noch leckerer damit ...
Dieses Rezept ist so schön umfangreich, dass die Zeit bis zum Silvesterabend wie im Flug vergeht...

Silvester-Ananas-Bowle

Für 4–6 Portionen
Zubereitungszeit: 30 Minuten plus
3 Stunden Gefrierzeit für die Eiswürfel

- 1 Ananas
- 3 Zweige Minze
- 750 ml Ananassaft (am besten schmeckt der von Voelkel)
- 5 EL Minzsirup oder flüssiger Honig (Minzsirup bekommst du im Bioladen)
- 1 l Mineralwasser
- 2 Eiswürfelformen

Erst die Eiswürfel: Einige Stunden zuvor befüllst du 2 Eiswürfelbereiter mit Wasser, stellst sie ins Gefrierfach und lässt sie zu Eiswürfeln gefrieren. (Falls es ein Winter mit Minusgraden ist, kannst du das auch im Freien machen.)

Jetzt die Bowle: Schäle die Ananas, halbiere sie, schneide den Strunk heraus und dann das Fruchtfleisch in Würfel. Löse die Eiswürfel aus der Form. Die Minzeblätter abzupfen und klein schneiden. Dann füllst du die Ananaswürfel, die Minze, den Ananassaft, den Minzsirup, das Mineralwasser und die Eiswürfel in ein Bowlengefäß.

Kinder-Silvester-Fondue

Für 4–6 Portionen
Zubereitungszeit: 1 Stunde
plus 3 Stunden Marinierzeit

- 4 Hähnchenbrüste
- 2 Knoblauchzehen
- 1 unbehandelte Limette
- 6 EL Sojasauce
- 1 EL Erdnussbutter
- 2 rote und 2 gelbe Paprika
- 2 Zucchini
- 1 Brokkoli
- 4 l Wasser
- 2 TL Gemüsebrühepulver

Erstmal marinieren: Schneide die Hähnchenbrüste in so große Stücke, dass du sie später noch gut aufspießen kannst. Schäle die Knoblauchzehen und drücke sie durch eine Knoblauchpresse. Reibe die Limettenschale auf der feinen Seite der Küchenreibe und presse den Saft mit einer Zitronenpresse aus. Verrühre nun die Sojasauce, den Knoblauch, die Erdnussbutter, den Limettensaft und die Limettenschale. Vermische dann die Hähnchenstücke und die Marinade in einer Schüssel, mit Frischhaltefolie abdecken und in den Kühlschrank stellen. Das braucht jetzt 3 Stunden Zeit zum Ziehen.

Nun das Schnippeln: Schneide die Paprika in so große Stücke, dass du sie gut aufspießen kannst. Die Zucchini in fingerdicke Scheiben, den Brokkoli in Röschen schneiden. Dann kannst du die Dips zubereiten (siehe rechte Seite). Und wenn du magst, bereite auch nochdie Nudel-Lollies (siehe Seite 277) vor.

Wenn die Feier beginnt: Wenn alles fertig ist, erhitzt du den Fonduetopf mit der Brühe (das heiße Wasser mit dem Gemüsebrühepulver vermischen), lass dir dabei von den Erwachsenen helfen. Wenn die Brühe kocht, könnt ihr das Gemüse und das Fleisch auf Fonduegabeln spießen.
Die Nudel-Lollies mit dem Stiel in die Brühe halten. Das dauert alles immer einige Minuten, bis das Gemüse und das Fleisch gar sind, aber ihr habt ja ganz viel Zeit bis Mitternacht ...

Für 4–6 Portionen
Zubereitungszeit: 15 Minuten

ZUTATEN FÜR DEN KRÄUTERDIP:

3 Zweige Thymian
1 Bund Petersilie
200 g Speisequark
2–3 EL Zitronensaft
Salz, Pfeffer

Zupfe die Thymian- und die Petersilienblättchen von den Zweigen ab. Hacke sie fein. Verrühre die Kräuter, den Quark und den Zitronensaft in einer Schüssel gut mit einem Schneebesen, mit Salz und Pfeffer abschmecken. Fertig!

Halbiere die Tomaten, schneide den Strunk heraus und schneide die Tomaten in feine Würfel. Schäle den Knoblauch und drücke ihn durch eine Knoblauchpresse. Vermische dann den Knoblauch, die Tomatenstücke, Tomatenmark und Schmand. Schmecke den Dip mit Salz und Pfeffer ab. Fertig!

ZUTATEN FÜR DEN TOMATENDIP:

3 Tomaten
1 Knoblauchzehe (falls du Knoblauch sehr magst, 2 Knoblauchzehen, dann kommen auch keine Silvester-Vampire!)
1 EL Tomatenmark
100 g Schmand (Crème fraîche)
Salz, Pfeffer

Für 4–6 Portionen
Zubereitungszeit: 15 Minuten

Du erwärmst die Kokosmilch, 3 EL Wasser und die Erdnussbutter. Das Ganze mit etwas Chili und Salz würzen. Fertig!

ZUTATEN FÜR DEN ERDNUSS-DIP:

100 ml Kokosmilch
100 g Erdnussbutter
etwas Chilipulver
Salz

Für 4–6 Portionen
Zubereitungszeit: 10 Minuten

So ein Fonduetopf wird furchtbar heiß, darum lasst euch bitte unbedingt von einem Erwachsenen helfen, und lasst Topf und Feuer niemals unbeaufsichtigt!

Blumenkohl
Tortilla

FÜR DEN NUDELTEIG:
200 g Mehl
100 g Hartweizengrieß
2 Eier
1 EL Olivenöl
1 TL Salz

FÜR DIE FÜLLUNG
200 g Tiefkühl-Spinat
100 ml fertige Tomatensauce aus dem Glas
75 g Parmesan

16 breite Holzspieße

Für 4–6 Portionen
Zubereitungszeit:
etwa 1 Stunde 30 Minuten

Nudel-Lollies

Als Erstes: Nimm den Spinat aus dem Gefrierfach und lass ihn auftauen.
So geht der Nudelteig: Wiege alle Zutaten für den Nudelteig ab und gib sie in eine Schüssel. Knete die Zutaten mit den Knethaken des Handrührgeräts zu einem glatten Teig. Den fertigen Teig in Frischhaltefolie einwickeln und 30 Minuten ruhen lassen.
So geht die Füllung: Gib den Spinat in ein Sieb und drücke das Wasser heraus. Die Tomatensauce bereitstellen. Den Parmesankäse reibst du auf der feinen Seite der Küchenreibe.
Das Ausrollen und Aufspießen: Streue auf eine Arbeitsfläche etwas Mehl und teile den Teig in 4 gleich große Stücke. Rolle den ersten Teil mit einem Nudelholz hauchdünn aus (Fläche etwa 40 x 40 cm). Dann viertelst du den ausgerollten Teig. Jeden Teil mit etwas Tomatensauce einstreichen und je 1 TL Spinat und etwas Parmesan darauf verteilen. Die befüllten Teigviertel übereinanderklappen und die Ränder festdrücken. Dann rollst du die Nudeltaschen um das eine Ende eines Holzspießes und drückst sie oben und unten am Spieß fest. Das Gleiche machst du mit den anderen 3 Nudelteilen. Das ergibt am Ende 16 Nudel-Lollies. Die hängst du beim Fondue in die heiße Brühe und lässt sie etwa 5 Minuten kochen.

Dieses Jahr fährst ganz weit
Du findest nächstes Jahr deine große Liebe!

Glückskekse

Für etwa 30 Glückskekse
Zubereitungszeit:
etwa 1 Stunde 30 Minuten

- 40 g Butter
- 3 Eiweiß
- 1 Prise Salz
- 60 g Mehl
- 50 g Puderzucker
- 2 EL bunte Zuckerstreusel
- 30 glückliche Neujahrsbotschaften auf kleinen Zetteln

Erst die Glücksbotschaften: Als Erstes schreibst du/schreibt ihr die Zettel mit den Glücksbotschaften. Schneide ein Blatt Papier in 30 Streifen (1 x 10 cm). Schreibe und male darauf, was dir gerade einfällt. Einige Anregungen dazu findest du auf dem Glückskeks-Foto.

So geht der Teig: Die Butter in einem Topf bei milder Hitze schmelzen. Schlage das Eiweiß mit einem Schneebesen leicht schaumig. Dann das Eiweiß mit dem Salz, Mehl und Puderzucker verrühren. Zum Schluss rührst du noch die geschmolzene Butter darunter.

Dann geht's ans Backen: Den Backofen auf 180 Grad (Umluft 160 Grad) vorheizen. Ein Glas bereitstellen, um die fertig gebackenen Kekse darauf auskühlen zu lassen. Du legst ein Backblech mit Backpapier aus und zeichnest mit Bleistift 2 Kreise mit etwa 8 cm Durchmesser darauf (am besten nimmst du ein Wasserglas oder einen Zirkel zu Hilfe). Dann füllst du je 1 EL Teig auf die Kreise und verstreichst den Teig bis zum vorgezeichneten Rand. Jeweils einige Zuckerstreusel daraufstreuen. Schiebe das Backblech in den Ofen und backe die Glückskekse für 5 Minuten (stell dir am besten den Küchenwecker). Dann nimmst du das Blech (mit Backhandschuhen!) aus dem Ofen. Hebe die Glückskekse gleich (wenn die Kekse noch warm sind) mithilfe eines Pfannenhebers vom Backpapier. Setze eine Glücksbotschaft in die Mitte, klappe den Kreis zusammen und hänge den halbkreisförmigen Keks über das Glas (so bekommen die Glückskekse den Knick). Das machst du so lange, bis der Teig alle ist.

Toll ist es einfach mal „Backofenkino“ zu spielen und zuzuschauen, wie sich der Teig verändert, bis er fertig gebacken ist.

Fünf-vor-Zwölf MUFFINS

Für 12 Muffins
Zubereitungszeit: 1 Stunde 30 Minuten, davon 30 Minuten Backzeit

125 g Butter
1 unbehandelte Limette
300 g Mehl
2 TL Backpulver
2 mittelgroße Eier
100 g Quark
50 g gemahlene Mandeln
80 g Zucker
1 Prise Salz
75 g Puderzucker
1 Tube Zuckerschrift (z. B. von Dr. Oetker)
2 Keksstangen (z. B. Mikado)
violette Lebensmittelfarbe (oder nimm einfach deine Lieblingsfarbe)

1 Muffinblech mit 12 Mulden
Papierförmchen

Erst der Teig: Zuerst erwärmst du die Butter in einem kleinen Topf, bis sie flüssig ist. Nun reibst du die Limettenschale auf der feinen Reibe der Küchenreibe ab, das riecht ganz frisch und zitronig. Presse den Saft mit einer Zitronenpresse aus und stelle ihn für den Zuckerguss beiseite. Das mit Backpulver vermischte Mehl, Eier, Quark, Mandeln, Zucker, Salz sowie die flüssige Butter und den Limettenabrieb in eine Schüssel geben. Mit den Knethaken des Handrührgeräts rührst du alles zu einem glatten Teig.

Nun geht's ans Backen: Heize den Backofen auf 180 Grad (Umluft 160 Grad) vor. Setze 12 Papierförmchen in die Muffinmulden und verteile den Teig hinein. Backe jetzt die Muffins für 30 Minuten, bis sie oben aufreißen und eine knusprige Kruste haben. Danach nimmst du sie (mit Backhandschuhen!) aus dem Ofen und lässt sie abkühlen.

So werden daraus 5-vor-12-Muffins: Verrühre den Puderzucker und 2 EL Limettensaft mit den Quirlen des Handrührgeräts. Etwas violette Lebensmittelfarbe dazumischen. Verteile den Guss auf alle 12 Muffins und lass ihn antrocknen.

Schreibe nun mit der fertigen Zuckerschrift aus der Tube in einer anderen Farbe deiner Wahl die Zahlen 1 bis 12 auf die Muffins (auf jeden Muffin eine Zahl). Als Uhrzeiger eignen sich 2 Mikado-Keksstangen gut. Ordne alle Muffins auf einer runden Platte für die Uhr an und setze die Zeiger in die Mitte auf 5 vor 12.

Deiner Fantasie sind dabei keine Grenzen gesetzt, forme Tiere oder Fabelwesen nach Lust und Laune …

Marzipan-Glückstiere

Für 10–15 Glückstiere
Zubereitungszeit: etwa 1 Stunde

- 400 g Marzipanrohmasse
- etwas rote Lebensmittelfarbe
- 30 g Puderzucker
- 2 EL Zuckerperlen
- 1 EL Öl

- 1 Küchenpinsel

So geht's: Die Marzipanmasse mit der Lebensmittelfarbe und dem Puderzucker gut verkneten. Dann aus der Marzipanmasse Schweine und andere Glückstiere bauen. Die Augen aus Zuckerperlen hinzufügen. Dann am besten gleich in kleine Zellophan-Tütchen füllen und gut verschließen.

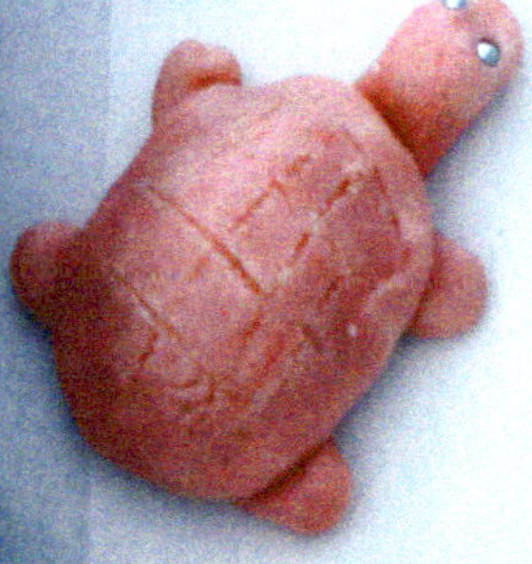

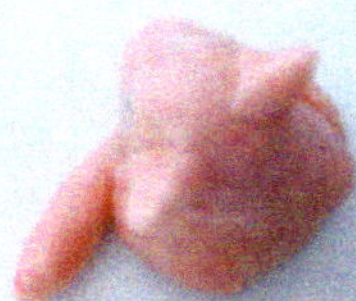

Rezeptverzeichnis

Apfel-Karotten-Salat mit Sonnenblumenkernen	Seite 200
Apfel-Krümel mit Vanilleeis	Seite 204
Apfelkuchen, Ruckzuck-	Seite 194
Apfel-Kürbis-Gratin	Seite 208
Apfelpfannküchlein mit Honig	Seite 206
Apple Pie mit Blättern	Seite 172
Bananen-Joghurt-Smoothie	Seite 260
Beeren-Pfannkuchen-Torte	Seite 110
Berliner, falsche	Seite 268
Birne, gebacken, im Schlafrock	Seite 162
Biskuit mit Vanillepudding und Erdbeeren	Seite 73
Blaubeer-Schoko-Dessert	Seite 104
Blinis mit schwarzen Linsen und Räucherlachs	Seite 140
Bowle, Ananas-	Seite 271
Bratbirnen mit Vanillesauce	Seite 180
Bratkartoffeln mit Spiegelei und Schinken	Seite 241
Brokkoliröschen zum Stippen in Aïoli	Seite 51
Burger	Seite 148
Couscous mit Gemüse, Huhn und Kichererbsen	Seite 142
Dips	
· Erdnuss-Dip	Seite 273
· Kräuterdip	Seite 273
· Tomatendip	Seite 273
Donuts	Seite 117
Eier im Glas, pochiert	Seite 65
Eier in Senfsauce mit Pellkartoffeln	Seite 67
Eis	
· Cola-Wassereis	Seite 81
· Eisfrüchte am Stiel	Seite 80
· Erdbeer-Eis	Seite 82
· Heidelbeer-Joghurt-Eis am Stiel	Seite 82
· Himbeer-Kokos-Eis am Stiel	Seite 82
· Melonen-Raketen am Stiel	Seite 82
· Wassermelonen-Eisbombe	Seite 84

Erdbeeren mit Schlagsahne Seite 108
Erdbeer-Pawlowas Seite 63
Fish 'n' Chips Seite 146
Focaccia mit Tomaten, Oliven und Kräutern Seite 89
Fondue, Kinder-Silvester- Seite 272
Forelle, gegrillt Seite 186
Frühlingsgemüse mit Mandel-Kräuter-Quark Seite 41
Frühlingsrollen Seite 136
Frühlingssalat mit Eiern und Croûtons Seite 24
Frühlingssuppe mit Backerbsen Seite 34
Gebackene Schneeflocken Seite 220
Gemüsesuppe mit Grießklößchen Seite 55
Geschnetzeltes mit Pilzen und Spätzle Seite 168
Glückskekse, selbstgemacht Seite 279
Gnocchi mit Tomatensauce Seite 250
Hefe-Schneemänner Seite 225
Heiße Zitrone Seite 258
Himbeer-Shake Seite 108
Himmel und Erde Seite 196
Himmlische Wolke Seite 27
Holunderblütenküchlein Seite 20
Holunderblütensirup Seite 30
Holunderbrause Seite 31
Hühnercurry in Erdnusssauce mit Fufu Seite 144
Hühnersuppe mit Buchstabennudeln Seite 254
Husten-weg-Zwiebelsaft Seite 262
Johannisbeerkuchen mit Eischneehaube Seite 106
Karotten-Orangen-Zitronen-Saft, selbstgepresst Seite 261
Karottensalat mit Mozzarella-Bällchen und Croûtons Seite 48
Kartoffel-Gemüse-Gratin Seite 248
Kartoffelklöße mit Pilzrahmsauce Seite 251
Kartoffelkuchen mit Schlagsahne Seite 245
Kartoffeln in der Folie mit Tzatziki Seite 184
Kartoffelteig, Grundrezept Seite 242
Kirschenmichel mit Vanilleeis Seite 112
Kresse-Eierköpfe Seite 71
Kürbisspalten, gebacken, mit Mandeldip Seite 154

Kürbissuppe mit Orangensaft und Schnittlauch Seite 156
Landhaussuppe Seite 233
Lebkuchen-Kirche Seite 230
Lebkuchenschmuck Seite 217
Lebkuchenschokolade, warme Seite 219
Lebkuchenteig, Grundrezept Seite 214
Limonade, Rhabarber-Himbeer- Seite 120
Mairübchen in Béchamelsauce mit gebratenem Hühnchen Seite 52
Makronen-Schneeberge Seite 227
Marmelade, Tri-Frutti- Seite 86
Maronen, geröstet, mit viererlei Dips Seite 159
Marzipan-Glückstiere Seite 282
Muffins, Fünf-vor-Zwölf- Seite 281
Nudel-Lollies Seite 277
Nudelsalat Seite 119
Nutella mit »Stippobst« Seite 126
Ofenkartoffel-Köpfe mit Kräuterquark Seite 249
Omelette mit Champignons, Paprika und Käse Seite 69
Osterlamm, gebackenes Seite 22
Paella Seite 138
Punsch
· Holunder-Orangen- Seite 165
· mit Apfel- und Cranberrysaft Seite 190
Puten-Curry mit Reis und Apfelchutney Seite 210
Quesadilla mit Avocado, Kidneybohnen und Paprika Seite 150
Reibekuchen mit Apfelmus Seite 240
Reissalat mit Paprika, Oliven und Mais Seite 127
Rote Grütze mit Vanillesauce Seite 102
Rote-Bete-Karotten-Salat mit Feldsalat und Haselnüssen Seite 170
Salat mit essbaren Blüten Seite 94
Sandkuchen, Orangen- Seite 256
Schafskäse-Mangold-Päckchen Seite 183
Schoko-Bananen Seite 188
Schoko-Eier-Nester Seite 28
Schoko-Kugeln, Disko- Seite 268
Schokoladen-Milchreis mit Kirschen, kalter Seite 123
Schokopudding-Pflanze Seite 98

Schokoschalen mit Vanillepudding und Erdbeeren Seite 32
Soufflé-Tassen, süße Seite 61
Spaghetti alla Carbonara Seite 76
Spargelkuchen Seite 42
Spiegeleier im Paprikaring Seite 74
Spitzkohlsuppe mit Kartoffeln und Kokosmilch Seite 44
Stockbrot Seite 179
Sushi Seite 134
Süßkartoffel-Curry mit Chapati Seite 132
Süßartoffelpüree mit Spinat und gekochten Eiern Seite 246
Tarte Tatin Seite 202
Tee
· Johannisbeer-Thymian-Tee Seite 263
· Kamille-Minz-Tee Seite 263
Tomatenbrote Seite 96
Tortillachips mit Avocado-Dip Seite 127
Wraps mit Schafskäse und Salat Seite 120
Zuckerschotensalat, warmer Seite 56

Danksagung

Vielen Dank an

unsere vielen tollen Modelle: Andrew, Angelina, Arthur, Astha, Ava, Bent, Charlotte, Clara, Constantin, Elisa, Feodora, Frederic, Friederike, Hadi, Helena, Imme, Henri, Joon, Johanna, Leonie, Letizia, Luisa, Malin, Martha, Matilda, Nene, Otis, Paul, Robin, Sarah, Tobias, Ying Ying. Es hat uns sehr viel Spaß mit euch gemacht!!!!

an Lütt & Fien (www.luettundfien.de) für das Ausleihen der tollen Sachen aus ihrem Laden

an das gesamte Team des AT Verlags

Liebe Kinder und Jugendliche,

wenn ihr durch unser Buch Lust bekommen habt, das eine oder andere nachzukochen, dann sind wir glücklich! Macht euch einfach ans Werk und legt los (mit oder ohne Erwachsenenhilfe) ... Hoffentlich ist dieses Buch bald voller Kleckse, Spritzer, Klebefingerspuren, Eselsohren und Markierungszettel!

Wie schön ist es, am Ende etwas zu servieren oder zu essen, das man selbst gekocht hat! Wenn ihr dann noch Lust und Zeit habt, schickt uns gerne eure Bilder von euren „Essens-Kunstwerken" oder schreibt uns, wie euch das Buch gefällt.

Wir freuen uns sehr auf Eure Post:

info@claudiaseifert.de
hallo@gesasander.de
info@juliahoersch.de
nelly.mager@gmx.de

Die Autorinnen:

Claudia Seifert arbeitet seit 2000 als Foodstylistin, Kochbuchautorin und Köchin in Hamburg. Mit ihren Rezepten in diesem Buch möchte sie Kinder zum Kochen inspirieren und ihre eigene Freude in der Küche auf kleine Köche übertragen. Sie liebt das Kochen schon seit ihrer Kindheit und kann sich sehr lebhaft an das Topfausschlecken und Teignaschen erinnern, und tut dies darüber hinaus heute auch.

Gesa Sander lebt und arbeitet als freie Illustratorin und Grafikerin in Hamburg. Viele ihrer Zeichnungen findet man in Büchern und Zeitschriften oder auf Geschirr, Brettspielen und Papeterieartikeln wieder. Als Mutter von zwei kochfreudigen Kindern war es für sie ein Riesenspass, Ideen für dieses Buch zu entwickeln, Figuren zu zeichnen und am Ende alle Teile (Texte, Fotos und Illustrationen) zu einem fantasievollen Ganzen zusammenzufügen.

Julia Hoersch arbeitet seit 1991 in Hamburg als freie Fotografin im Bereich Food und Dekoration/Living für renommierte Zeitschriften und Buchverlage. Ihre Tochter steht inzwischen öfter auch gerne selbst am Herd - die Arbeit an diesem Buch hat sie viele Monate interessiert und aktiv miterlebt. Der Sohnemann lässt sich immer noch gerne bekochen, aber vielleicht klappt es ja dank dieses wunderbaren Werkes, dies zu ändern.

Nelly Mager ist freie Stylistin für verschiedene Verlage in den Bereichen Food, Dekoration und Living in Hamburg. Sie steht, wenn sie kocht, selten alleine am Herd, denn ihre zwei Kinder sind gerne fleissige Helfer - nur mit dem Aufräumen hinterher klappt es noch nicht so ganz ... Für das Mitmachen auf den Fotos in diesem Buch konnte sie nicht nur ihre Kinder, sondern auch noch deren gesamten Freundeskreis begeistern.

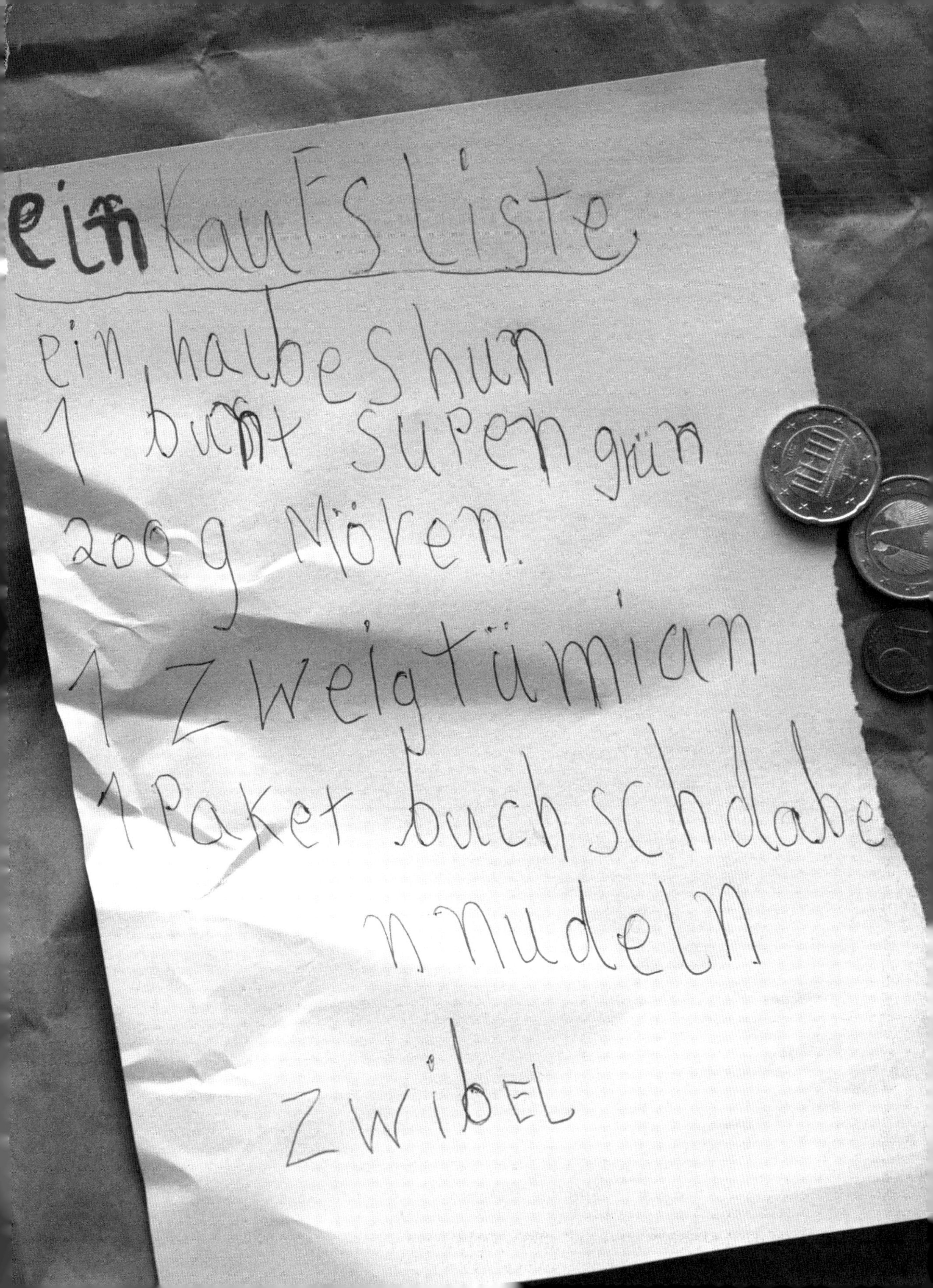

einKaufsListe

ein halbeshun
1 bunt supen grün
200 g Mören.
1 Zweigtümian
1 Paket buchschdabe
nnudeln
ZwibEL